KU-071-078

The Hulton Getty Picture Collection & Allsport *Decades of Sport*

21

The Hulton Getty Picture Collection & Allsport *Decades of Sport*

Nick Yapp

KÖNEMANN

First published in 2000 by Könemann Verlagsgesellschaft mbH, Bonner Straße 126, D-50968 Köln

© 2000 Könemann Verlagsgesellschaft mbH. Photographs © 2000 Hulton Getty Picture Collection Limited

All rights reserved. No part of this publication may be reproduced, stored in a retrieval system, or transmitted in any form or by any means, electronic, mechanical, photocopying, recording or otherwise, without prior permission in writing from the publishers.

This book was produced by The Hulton Getty Picture Collection Limited,
Unique House, 21–31 Woodfield Road, London W9 2BA

For Könemann:
Managing editor: Sally Bald
Project editor: Robert von Radetzky
German translation: Sebastian Wohlfeil
French translation: Denis Sartor
Production: Alexandra Kiesling, Nicola Leurs

For Hulton Getty:
Art direction: Alex Linghorn
Design & production: Tea McAleer
Editor: Richard Collins
Project manager: Alex Linghorn
Scanning: Antonia Hille
Special thanks: Roger Lambert, Rob Harbourne, Liz Ihre, Bob Ahern, Robert Dex, Karen Leach

Typesetting by argus Korrekturservice, Cologne. Colour separation by Omniascanners Srl., Milan
Printed and bound by Sing Cheong Printing Co. Ltd., Hong Kong, China

ISBN 3-8290-3623-X
10 9 8 7 6 5 4 3 2 1

Frontispiece: Hiding the face but expressing the joy. Luis Enrique Martinez of Spain takes to the air after scoring the second goal in the World Cup tie against Switzerland, in Washington, DC, 2 July 1994. Spain won 3-0.

Frontispiz: Unverhüllte Freude mit verhülltem Gesicht. Luis Enrique Martinez, Spanien, hebt ab, nachdem er das zweite Tor im WM-Spiel gegen die Schweiz erzielt hat, 2. Juli 1994 in Washington DC. Spanien gewann 3:0.

Frontispice: Un immense bonheur pour Luis Enrique Martinez qui, le visage dissimulé, semble prêt à s'envoler après ce second but face à la Suisse lors d'une rencontre de Coupe du monde à Washington DC, le 2 juillet 1994. L'Espagne l'emporta sur le score de 3-0.

Contents/Inhalt/Sommaire

Introduction
The origins of football

The world has been playing football for a very long time. Bold youths were playing it in China well before the birth of Christ. The Roman game of *harpastum* contained many of the elements of modern football. A similar game called *kenatt* was played in Japan over 600 years ago. The French called it *la saule*. In England it became so popular that it was banned by King Edward II in the fourteenth century, and by at least three later kings: 'forasmuch as there is great noise in the city caused by hustling over large balls, from which many evils may arise, we command and forbid... on pain of imprisonment, such games to be used in the city in future.'

In its early days, football was a wild game, full of 'beastlike furie and extreme violence' wrote Sir Thomas Elyot in *The Governour* (1531). Something of its original rough-and-tumble nature may still be seen in the annual Royal Shrovetide Football match in the village of Ashbourne, in the heart of England. There are hundreds of villagers in each team, the goals are three miles apart, and the match lasts eight hours. This is a survival of the medieval game, the one that Oliver Cromwell, Lord Protector of England, attempted to reform 350 years ago. Having disposed of Charles I, Cromwell turned his energies to football – there was to be no butting or tripping, no charging or shirt pulling. Today's referees may be relieved to hear that he had no more success than they do.

In 1801, Joseph Strutt published his *Sports and Pastimes of the People of England*. His description of football contains many of the elements of the modern game. 'Two parties, each containing an equal number of competitors, take the field and stand between two goals, placed at a distance of 80 or 100 yards [75 or 90 metres] the one from the other. The goal is usually made with two sticks driven into the ground about 3 feet [1 metre] apart. The ball is delivered in the midst of the ground, and the object of each party is to drive it through the goal of their antagonists, which being achieved, the game is won.'

In the next hundred years soccer developed rapidly, with a strict code of laws, championship and cup competitions, international matches and an ever-growing popularity. British sailors took football to every part of the world – to Portugal in the 1860s, to France in 1872, to Spain in 1890, to Italy in 1892 (where the first clubs were the Genoa Cricket and Athletic Club and the Milan Cricket and Football Club – whatever happened to Italian cricket?). In Germany, the first football club was BFC Germania 1888, founded, appropriately enough, in Berlin in 1888. Ten years later, students at a Jesuit college near Utrecht started the first Dutch club. And in 1874, football made its first appearance in South America when British sailors played a game in Brazil.

Today, it is the most ubiquitous of games. When two or more are gathered, anywhere in the world, there is no need for words. All that is required is a ball soft enough to kick, hard enough to bounce, and an open space. The rest is bliss, with just a little 'beastlike furie'.

Einleitung
Die Ursprünge des Fußballs

Die Welt spielt Fußball – und das schon sehr, sehr lange. Die tüchtige Jugend Chinas widmete sich diesem Zeitvertreib schon geraume Zeit vor Christi Geburt. Das römische Spiel *harpastum* enthielt bereits viele Elemente des modernen Fußballs. Ein ähnliches Spiel mit Namen *kenatt* war in Japan vor über 600 Jahren geläufig. Die Franzosen nannten es *la saule*. In England gewann es solche Beliebtheit, dass es im vierzehnten Jahrhundert von König Edward II. und später von mindestens drei weiteren Königen verboten wurde, „alldieweil sich in der Stadt ein groß Geschrei erhebet, des Ursache ein Balgen um große Bälle ist, und mancherlei Übel davon die Folge sein kann, geben wir den Beschluss kund und zu wissen und untersagen ... bei Strafe der Einkerkerung, dass künftig in der Stadt von derlei Spielen Gebrauch gemacht werde."

In seiner Frühzeit war Fußball ein wildes Spiel, voll „tierischen Ingrimms und äußerster Gewalttätigkeit", wie Sir Thomas Elyot 1531 in *The Governour* schrieb. Einen Eindruck vom ursprünglichen Charakter des Spiels als wüste Keilerei kann man noch heute beim jährlichen „Royal Shrovetide Football"-Spiel in Ashbourne gewinnen, einem Dorf im Herzen Englands. Jede Mannschaft besteht aus Hunderten von Dorfbewohnern, die Tore liegen drei Meilen [fast fünf Kilometer] voneinander entfernt und das Spiel dauert acht Stunden. So überlebt die mittelalterliche Form des Spiels, die Oliver Cromwell, Lordprotector Englands, vor 350 Jahren zu reformieren versuchte. Nachdem er mit König Charles I. fertig war, wandte Cromwell seine Tatkraft dem Fußball zu – es sollte keine Stöße und kein Bein stellen, keine Körperattacken und kein Am-Hemd-Ziehen mehr geben. Es wird heutige Schiedsrichter erleichtern zu hören, dass ihm auch nicht mehr Erfolg beschieden war als ihnen.

Im Jahre 1801 veröffentlichte Joseph Strutt das Buch *Sports and Pastimes of the People of England* („Sport und Spiel im englischen Volke"). Seine Beschreibung des Fußballs enthält schon vieles, was das moderne Spiel ausmacht: „Zwei Parteien, jede mit gleicher Zahl von Mitspielern, nehmen das Spielfeld ein und postieren sich zwischen zwei Zielmarken [Toren], die im Abstand von 80 oder 100 Yards [75 oder 90 Metern] voneinander aufgestellt sind. Die Zielmarke [das Tor] besteht gewöhnlich aus zwei Stöcken, die im Abstand von ungefähr drei Fuß [1 Meter] nebeneinander in den Boden getrieben werden. Der Ball wird in der Mitte des Spielfelds ins Spiel gebracht, und das Bestreben jeder Partei ist es, ihn durch die gegnerische Zielmarke zu befördern, womit das Spiel gewonnen ist."

Über die nächsten hundert Jahre hinweg entwickelte sich der Fußball rapide zu einem Spiel mit streng gefassten Regeln, mit Meisterschaften und ausgespielten Pokalen, internationalen Begegnungen und stets wachsender Beliebtheit. Britische Seeleute trugen den Fußball in alle Welt – in den 1860er Jahren nach Portugal, 1872 nach Frankreich, 1890 nach Spanien, 1892 nach Italien (wo die ersten Klubs der Genova Cricket and Athletic Club und der Milano Cricket and Football Club waren – wo ist bloß das italienische Kricket geblieben?). In Deutschland wurde der erste Fußballklub 1888 in Berlin gegründet, der BFC Germania 1888. Zehn Jahre später gründeten Studenten an einem Jesuitenkolleg in der Nähe von Utrecht den ersten holländischen Verein. Und 1874 tauchte der Fußball erstmals in Südamerika auf, als britische Seeleute ein Spiel in Brasilien veranstalteten.

Heute ist Fußball von allen Spielen am weitesten verbreitet. Wann immer zwei oder mehr Personen zusammenkommen, wo auch immer auf der Welt, sind keine Worte mehr nötig. Alles, was jetzt noch erforderlich ist, ist ein Ball – weich genug, dass man ihn treten kann, hart genug, dass er aufspringt – und ein bisschen freies Gelände. Alles Übrige ist reine Glückseligkeit, mit einer kleinen Beimischung von „tierischem Ingrimm".

Introduction
Les origines du football

Le football est pratiqué depuis des temps immémoriaux. En Chine, bien avant la naissance du Christ, les jeunes gens s'y adonnaient déjà et, dans la Rome antique, l'*harpastum* présentait nombre de similitudes avec notre football moderne, de même que le *kenatt*, très en vogue au Japon il y a plus de six siècles. En Europe, les Français pratiquaient « la saule » et, dès le XIVe siècle en Angleterre, le roi Édouard II ainsi que trois au moins de ses successeurs, confrontés à la popularité grandissante de ce jeu, avaient décidé d'en interdire la pratique : « Attendu que les jeux de balle sont source d'importants désordres et qu'il pourrait en résulter grand malheur pour la cité, nous ordonnons, sous peine d'emprisonnement, … que ces activités soient désormais interdites dans l'enceinte de la cité. »

À ses débuts, le football était un jeu rude et les participants y faisaient preuve d'une « rage bestiale et d'une violence extrême », pour reprendre les termes de Sir Thomas Elyot dans *The Governour* (1531). On trouve d'ailleurs la trace de cette sauvagerie des origines dans le village d'Ashbourne où, chaque année, aux alentours de mardi gras, plusieurs centaines de villageois se retrouvent pour une confrontation, le « Royal Shrovetide Football match », d'une durée de huit heures sur un terrain de jeu dont les buts sont distants de cinq kilomètres les uns des autres. À l'évidence, il s'agit d'une survivance de pratiques moyenâgeuses qu'Oliver Cromwell, Lord protecteur du royaume d'Angleterre, avait essayé de corriger il y a 350 ans. Après avoir déposé le roi Charles Ier, Cromwell s'attaqua au football et s'efforça d'interdire les coups de tête, les crocs-en-jambe, les charges et le tirage de maillot. Les arbitres d'aujourd'hui peuvent se rassurer : Cromwell n'est pas parvenu mieux qu'eux à faire respecter ces règles.

En 1801, Joseph Strutt fait paraître l'ouvrage *Sports and Pastimes of the People of England* (« Sports et loisirs en Angleterre ») et livre une description du football présentant de nombreuses ressemblances avec le football moderne. « Deux équipes constituées d'un même nombre de joueurs se répartissent sur un terrain de 80 on 100 yards [75 ou 90 mètres], délimité par un but à chaque extrémité. En général, les buts sont représentés par deux montants distants de trois pieds [d'un mètre] environ. La balle est engagée au milieu du terrain et chaque équipe essaie de l'amener entre les montants adverses, ce qui, une fois réalisé, marque la victoire et la fin de la partie. »

Puis, durant tout le XIXe siècle, le football connut un développement rapide et rencontra un succès croissant avec l'adoption de règles strictes et l'organisation de coupes, de championnats et de matches internationaux. Ce sont les marins anglais qui exportèrent le football partout dans le monde : au Portugal dès 1860, en France en 1872, puis en Espagne en 1890 et en Italie à partir de 1892, où les premiers clubs recensés étaient le Genova Cricket Club et le Milano Cricket and Football Club (d'ailleurs, qu'est-ce qui est arrivé au cricket italien ?). En Allemagne, le premier club de football, le BFC Germania 1888 fut, comme son nom l'indique, fondé en 1888 à Berlin. Dix ans plus tard, c'est un collège de jésuites des environs d'Utrecht qui créait le premier club hollandais de football. Enfin, en 1874, le football fit son apparition en Amérique du Sud, toujours par l'intermédiaire de marins britanniques qui disputèrent un premier match au Brésil.

Aujourd'hui, le football est le jeu le plus répandu sur la planète. Dans le monde entier, il suffit d'être deux, d'avoir un peu d'espace, de disposer d'un objet susceptible de rebondir plus ou moins bien et dans lequel on puisse shooter pour que les barrières linguistiques s'évanouissent automatiquement. Le reste est affaire de magie et d'une touche de « rage bestiale ».

1. The simplest game
Das einfachste aller Spiele
Un jeu élémentaire

Rheinhold Thiele's portrait of the 'gentleman player', W R Moon of the Corinthians. The Corinthians were an amateur side, composed of players from the public schools and universities, with a reputation for unblemished sportsmanship. In 1894 and 1895 they supplied all eleven England players in two internationals against Wales.

Rheinhold Thieles Porträt des „Gentlemanspielers" W. R. Moon von den Corinthians. Die Corinthians waren eine Amateurmannschaft von Spielern aus Public Schools und Universitäten und genossen den Ruf makelloser Sportlichkeit. In den Jahren 1894 und 1895 stellten sie alle elf englischen Spieler bei zwei internationalen Begegnungen gegen Wales.

Portrait de W. R. Moon, le « gentleman joueur » des Corinthians, réalisé par Rheinhold Thiele. L'équipe des Corinthians se composait d'amateurs issus des collèges et des universités, réputés pour leur sportivité sans faille. En 1894 et en 1895, lors de deux rencontres internationales contre le pays de Galles, le onze d'Angleterre était exclusivement composé de joueurs des Corinthians.

The 19th century was the golden age of 'manly games' in England. Young men sought honour and glory on the playing fields of public school and university before going off to face death on the battlefields of the British Empire. Football fitted in well with the ideals of muscular Christianity – it required strength and skill, acceptance of a code of conduct, the denial of self for the sake of the team. But first, the game itself had to be tamed and organised. Until the 1840s, clubs played to local rules; there was no standardisation. In 1846, members of Cambridge University attempted to establish a unified system of rules: they took just under eight hours to draw up the Cambridge Rules. Sixteen years later, J C Thring of Uppingham School created the oldest surviving set of rules for what he called 'The Simplest Game'. It took nearly twenty years, however, for English footballers to accept the idea of centralised control.

Once accepted, the game's popularity grew. Before the end of the 19th century, clubs were charging spectators to watch; they flocked to games played in parks, fields, in existing cricket grounds and in specially built stadiums where they witnessed the thrills of knock-out cup competitions, the glories of championship success. Newspapers covered weekend games; Newton Heath (later to become Manchester United) even appeared in advertisements. The modern game had arrived.

Das 19. Jahrhundert war das goldene Zeitalter der „mannhaften Ertüchtigung" in England. Junge Männer suchten Ehre und Ruhm auf den Spielfeldern der Public School und der Universität, bevor sie auszogen, um auf den Schlachtfeldern des britischen Empires dem Tod ins Auge zu blicken. Fußball passte gut zu den Idealen einer wehrhaften Christenheit – er erforderte Kraft und technische Fertigkeiten, die Unterordnung unter ein festes Regelwerk und das Zurückstellen der eigenen Person zugunsten der Mannschaft. Aber zunächst einmal musste das Spiel selbst gezähmt und geordnet werden. Bis in die 1840er Jahre hinein spielten die Klubs nach ihren eigenen Regeln, es gab keine allgemeine Verbindlichkeit. Im Jahre 1846 versuchten Angehörige der Universität von Cambridge, ein einheitliches Regelsystem festzusetzen; sie brauchten knapp acht Stunden, um die so genannten Cambridge Rules aufzustellen. 16 Jahre später schuf J. C. Thring von der Uppingham School das älteste noch erhaltene Regelwerk für das, was er „das einfachste aller Spiele" nannte. Allerdings dauerte es noch fast 20 Jahre, bis sich die englischen Fußballer mit dem Gedanken einer zentralisierten Kontrolle angefreundet hatten.

Von da an wurde das Spiel immer beliebter. Noch vor dem Ende des 19. Jahrhunderts erhoben die Klubs Eintrittsgelder von den Zuschauern, die zu den Spielen in Parks, auf Feldern, auf bestehenden Kricketplätzen und in eigens gebauten Stadien strömten, wo sie den Nervenkitzel von Pokalwettbewerben im K.-o.-System und die Wonnen von Meisterschaftserfolgen genossen. Die Zeitungen berichteten über die Spiele am Wochenende; mit der Mannschaft von Newton Heath (aus der später Manchester United wurde) wurde bereits Werbung gemacht. Der moderne Fußball war da.

Le XIXe siècle fut l'âge d'or des sports « virils » en Angleterre. Sur les terrains de jeu des collèges et des universités, les jeunes gens recherchaient l'honneur et la gloire avant de partir risquer leur vie sur les champs de bataille de l'Empire britannique. Le football convenait parfaitement au messianisme musclé puisqu'il nécessitait force et habileté ainsi que l'acceptation de règles de conduite et un véritable esprit de sacrifice au profit du groupe. La priorité fut d'abord d'assagir et d'organiser le jeu. Jusque dans les années 1840, les règles en vigueur différaient d'un club à l'autre, sans la moindre harmonisation. En 1846, des membres de l'Université de Cambridge s'efforcèrent d'établir un ensemble de règles unique. Il leur fallut moins de huit heures pour rédiger le Règlement de Cambridge. Seize ans plus tard J. C. Thring, de la Uppingham School, créait à son tour le règlement le plus ancien qui nous soit parvenu, sous le titre « Un jeu élémentaire ». Cependant, il fallut encore une bonne vingtaine d'années pour que les footballeurs anglais acceptent l'idée d'un contrôle centralisé.

Une fois admis ce principe, le football devint de plus en plus populaire. Avant la fin du XIXe siècle, les matches de football étaient payants et les spectateurs se ruaient pour assister aux rencontres qui se déroulaient dans des parcs, sur des champs et parfois dans des stades construits spécialement pour le football, où ils se passionnaient pour des matches éliminatoires de Coupe et assistaient au sacre des champions. Les journaux rendaient compte des matches disputés le week-end et l'équipe de Newton Heath (qui allait devenir Manchester United) figurait même dans certaines publicités. Déjà, on entrait dans l'ère du football moderne.

Perhaps the oldest football photograph in existence: members of the Fourth Team football squad at Addiscombe Military College in London, 1855. The British army and navy produced many fine teams in the early days of football.

Vielleicht die älteste existierende Fußballfotografie: Mitglieder der Fourth Team-Fußballmannschaft im Addiscombe Military College in London, 1855. In der Frühzeit des Fußballs brachten britische Armee und Marine viele gute Mannschaften hervor.

C'est peut-être la plus ancienne photographie existante se rapportant au football. Ce cliché, pris en 1855, représente la Fourth Team football squad du Collège militaire d'Addiscombe, à Londres. Aux tout débuts du football, nombre d'excellentes équipes étaient constituées de soldats ou de marins britanniques.

The Harrow school soccer team, 1867. Then as now, football teams were rarely photographed in a studio; in this instance part of the school itself forms the background. Stripes were very much *de rigueur* in that era.

Die Schulmannschaft von Harrow, 1867. Damals wie heute wurden Fußballmannschaften selten im Studio fotografiert; in diesem Beispiel gibt ein Teil des Schulgebäudes den Hintergrund ab. Streifen waren in jener Epoche absolut à la mode.

L'équipe de football de la Harrow school en 1867. Hier comme aujourd'hui, les équipes étaient rarement photographiées en studio. Ici, le décor est fourni par l'école elle-même. Comme on peut le constater, les rayures étaient alors de rigueur.

Forerunners of the Gunners: the Royal Arsenal squad in 1888. Originally Arsenal were known as Dial Square, then changed their name to Woolwich Arsenal. The word 'Woolwich' was dropped when they moved north of the Thames in 1913.

Die Vorläufer der „Gunners" („Kanoniere"): die Mannschaft von Royal Arsenal 1888. Ursprünglich war Arsenal unter dem Namen Dial Square bekannt, änderte dann den Namen aber zu Woolwich Arsenal. Das Wort „Woolwich" wurde fallen gelassen, als Arsenal 1913 nach Norden auf die andere Seite der Themse umzog.

1888 : les précurseurs des « Gunners » (« canonniers »), nom donné à l'équipe du Royal Arsenal. L'équipe s'appelait à l'origine Dial Square, puis prit le nom de Woolwich Arsenal, qui fut à son tour abandonné en 1913 lorsque le club s'installa au nord de la Tamise.

William Julian, the first Arsenal captain, 1891. Julian was born in 1865, started work at Woolwich Arsenal in 1889, and became a professional footballer two years later.

William Julian, der erste Mannschaftskapitän von Arsenal, 1891. Julian wurde 1865 geboren, trat 1889 in die Dienste von Woolwich Arsenal und wurde zwei Jahre später Berufsfußballer.

William Julian, premier capitaine d'Arsenal, en 1891. Né en 1865, Julian a débuté comme simple employé au Woolwich Arsenal en 1889, où il devint joueur professionnel deux ans plus tard.

Aston Villa v. Everton in the 1897 FA Cup Final at Crystal Palace. Villa won 3-2 to give them the Cup and League Double. They were the team of the 1890s, winning the Cup twice and the League Championship four times.

Aston Villa gegen Everton, Pokalfinale 1897, Crystal Palace. Aston Villa gewann 3:2 und feierte mit Pokalgewinn und Ligameisterschaft das Double. Mit zwei Pokalgewinnen und vier Ligameisterschaften war Aston Villa *die* Mannschaft der 1890er Jahre.

Finale de la Cup (Coupe de la Football Association) au Crystal Palace en 1897, opposant Aston Villa à Everton et remportée par Aston Villa (3-2) qui réalisait le doublé Coupe-championnat cette même année. Aston Villa fut indéniablement l'équipe de la décennie, en s'adjugeant deux fois la Cup et quatre fois le championnat.

Two Saturdays at Loftus Road, near the start of the 1908 season. Shaw, the Queen's Park Rangers goalkeeper, places the ball for a free kick, 21 August.

Zwei Samstage an der Loftus Road, kurz nach Beginn der Spielzeit 1908, am 21. August. Shaw, der Torwart der Queen's Park Rangers, legt sich den Ball für einen Freistoß zurecht.

Deux samedis à Loftus Road, vers le début de la saison 1908. Shaw, le gardien des Queen's Park Rangers, place le ballon pour tirer un coup franc, le 21 août 1908.

The same ground, one week later. QPR take on Manchester United in the first ever FA Charity Shield match. The game ended 1-1, with United winning the replay 4-0. The player on the ball is the 'Welsh Wizard', Billy Meredith of United, who was voted the most popular footballer of the day by readers of *Umpire* magazine.

Dasselbe Spielfeld, eine Woche später. Die Queen's Park Rangers spielen gegen Manchester United im allerersten FA-Charity-Shield-Benefizspiel. Es endete 1:1, das Wiederholungsspiel gewann United mit 4:0. Der Spieler am Ball ist der „Walisische Zauberer" Billy Meredith von United, der von den Lesern des Magazins *Umpire* zum beliebtesten Fußballer seiner Zeit gewählt wurde.

Même terrain, une semaine plus tard. Les Queen's Park Rangers affrontent Manchester United lors du tout premier match de la FA-Charity-Shield. La partie s'était terminée sur le score de 1-1 et fut rejouée, ce qui permit à Manchester United de l'emporter par 4-0. Billy Meredith, le joueur de Manchester en action sur la photographie, était surnommé le « mage gallois » ; il remporta les suffrages des lecteurs du magazine « Umpire », comme joueur le plus sympathique de l'époque.

Thirsty work on the terraces, with scarcely a bare head in sight. An ambulance man passes cups of water to the fans at White Hart Lane for Tottenham's match with Manchester City, 27 September 1913.

Durstlöscharbeiten an den Rängen, auf denen kaum jemand ohne Kopfbedeckung zu sehen ist. Ein Sanitäter teilt beim Spiel Tottenham gegen Manchester City an der White Hart Lane Wasser an die Fans aus, 27. September 1913.

Des rafraîchissements sur les gradins où la foule porte chapeaux et casquettes. Un brancardier distribue de l'eau au public de White Hart Lane lors de la rencontre Tottenham-Manchester City, le 27 septembre 1913.

A section of the 114,000 crowd at Crystal Palace Park for the FA Cup Final between Tottenham Hotspur and Sheffield United, 20 April 1901. The match ended in a 2-2 draw. Nine days later Tottenham won the replay at Bolton 3-1.

Ein Ausschnitt aus der Zuschauermenge von 114 000 im Crystal Palace Park beim Pokalfinale zwischen Tottenham Hotspur und Sheffield United am 20. April 1901. Das Spiel endete 2:2 unentschieden. Das Wiederholungsspiel in Bolton gewann Tottenham neun Tage später mit 3:1.

Une partie des 114 000 personnes réunies au Crystal Palace Park pour la finale de la Cup entre Tottenham Hotspur et Sheffield United, le 20 avril 1901. Le match s'est terminé sur un score de 2-2 et la rencontre, rejouée neuf jours plus tard à Bolton, vit finalement Tottenham s'imposer par 3-1.

First Division West Bromwich Albion v. Second Division West Ham, in a wintery FA Cup tie at Chelsea's home ground, Stamford Bridge, 22 January 1913.

West Bromwich Albion aus der ersten Liga gegen West Ham aus der zweiten bei einer winterlichen Pokalbegegnung auf dem Platz von Chelsea, Stamford Bridge, am 22. Januar 1913.

22 janvier 1913. Rencontre hivernale de Cup sur le terrain de Chelsea (Stamford Bridge) opposant West Bromwich Albion, évoluant en première division, et West Ham, équipe de seconde division.

A study in technique. Oldham's goalkeeper hoofs the ball downfield against Tottenham Hotspur in a First Division clash at White Hart Lane, 11 December 1911.

Balltechnik, eine Studie: Im Erstligaspiel gegen Tottenham Hotspur drischt Oldhams Torhüter den Ball weit ins Feld an der White Hart Lane, 11. Dezember 1911.

Sur cette photographie prise le 11 décembre 1911, le gardien d'Oldham fait valoir sa technique irréprochable en dégageant son camp face à Tottenham Hotspur, lors d'une rencontre au sommet de première division à White Hart Lane.

George Burdett, Arsenal v. Liverpool, 2 September 1911. Flat hats were very much the order of the day – for goal-keepers as well as spectators, apparently.

George Burdett, Arsenal gegen Liverpool, 2. September 1911. Schiebermützen waren groß in Mode – offensichtlich bei Torwarten genauso wie bei den Zuschauern.

2 septembre 1911. Photographie de George Burdett, lors de la rencontre Arsenal-Liverpool. Apparemment, les couvre-chefs plats étaient de mise à l'époque, pour les gardiens comme pour les spectateurs.

Liverpool fans travelling sedately to Crystal Palace for the FA Cup Final against Burnley, 25 April 1914. They were to be in good company, for this was the first Cup Final attended by a reigning monarch, King George V. Burnley won a dull game 1-0.

Fans von Liverpool lassen sich gemächlich zum Crystal Palace kutschieren, wo das Pokalfinale gegen Burnley am 25. April 1914 stattfand. Sie befanden sich dort in guter Gesellschaft, denn dies war das erste Pokalfinale in Gegenwart eines herrschenden Monarchen, König Georg V. Burnley gewann ein recht lahmes Spiel mit 1:0.

Les supporters de Liverpool se rendent au Crystal Palace pour assister à la finale de la Cup contre Burnley, le 25 avril 1914. Ils allaient se retrouver en bonne compagnie, puisque c'est la première finale de la Cup à laquelle assista un monarque en titre (le roi Georges V). Burnley remporta un match sans intérêt sur le score de 1-0.

Up for the Cup. Everton fans sightseeing in London on FA Cup Final day, 21 April 1906. They beat Newcastle United 1-0. Merseysiders were able to read about the game that evening in the *Liverpool Football Echo*, the first time a match report was published on the day of the game.

Auf zum Pokal! Fans von Everton beim Stadtbummel in London am Tag des Pokalendspiels, 21. April 1906. Everton schlug Newcastle United 1:0. Fans aus der Stadt am Fluss Mersey konnten noch am selben Abend im *Liverpool Football Echo* den Spielbericht lesen – es war das erste Mal, dass noch am Spieltag selbst über ein Spiel berichtet wurde.

À nous la Cup. Les supporters d'Everton se promènent dans Londres le 21 avril 1906, jour de la finale de la Cup. Leur équipe devait l'emporter face à Newcastle United sur le score de 1-0. Ce fut une grande première pour la presse puisque le soir même, les habitants du Merseyside pouvaient lire le compte rendu de la rencontre dans le *Liverpool Football Echo*.

Action at Stamford Bridge 1. Derby County's Grimes is challenged by Middelboe of Chelsea, 15 November 1913. Derby were relegated that season.

Action an der Stamford Bridge zum Ersten. Grimes von Derby County wird von Middelboe von Chelsea angegriffen, 15. November 1913. Derby stieg in dieser Spielzeit ab.

15 novembre 1913. Duel à Stamford Bridge : Grimes, le joueur de Derby est aux prises avec Middelboe, de Chelsea. Cette année-là, Derby fut relégué en division inférieure.

Action at Stamford Bridge 2. A goalmouth scramble in the game between Liverpool and Chelsea, 18 October 1913. Chelsea had little difficulty attracting big crowds; in the same year Arsenal moved from Woolwich to Islington in north London, hoping to find more spectators.

Action an der Stamford Bridge zum Zweiten. Gewühl vor dem Tor beim Spiel zwischen Liverpool und Chelsea am 18. Oktober 1913. Chelsea hatte wenig Mühe, große Publikumsmassen zu mobilisieren; im selben Jahr zog Arsenal von Woolwich nach Islington im Norden Londons um, in der Hoffnung dort mehr Zuschauer zu finden.

Encore de l'action à Stamford Bridge. Cafouillage devant les buts lors de la rencontre entre Liverpool et Chelsea, le 18 octobre 1913. Chelsea parvenait facilement à attirer les foules. La même année, Arsenal quittait Woolwich pour s'installer à Islington, au nord de Londres, dans l'espoir d'y trouver un public plus important.

Local game, local crowd, local heroes – the essence of football. On a cold spring day, Dulwich Hamlet take on their neighbouring footballers, Nunhead, in south London. For many years, Dulwich Hamlet was one of the most famous English amateur clubs.

Lokalbegegnung, lokales Publikum, Lokalhelden – die Quintessenz des Fußballs. An einem kalten Frühlingstag trifft Dulwich Hamlet auf die Nachbarmannschaft von Nunhead in Südlondon. Über viele Jahre hinweg war Dulwich Hamlet einer der berühmtesten englischen Amateurklubs.

Des joueurs et des spectateurs locaux pour une rencontre locale. Durant une froide journée de printemps, Dulwich Hamlet à l'équipe voisine de Nunhead, au sud de Londres. Durant de nombreuses années, Dulwich Hamlet fut l'un des clubs amateurs les plus en vue d'Angleterre.

A balanced opinion. Part of the 74,000 crowd at Crystal Palace for the 1914 FA Cup Final. It was hoped that the King's appearance would 'put an end to the snobbish notion that true-blue sportsmen ought to ignore games played by men who earn their money at it'.

Ein wohlfundierter Standpunkt. Einige der 74 000 Besucher des Pokalendspiels von 1914, Crystal Palace. Man hegte die Hoffnung, die Anwesenheit des Königs werde „der snobistischen Ansicht ein Ende machen, ein waschechter Sportsmann habe Spiele zu ignorieren, die von Männern bestritten werden, die damit ihren Lebensunterhalt verdienen".

Un point de vue équilibré. Quelques-uns des 74 000 spectateurs de la finale 1914 de la Cup, au Crystal Palace. On espérait alors que l'apparition du roi apporterait un démenti ferme au préjugé quelque peu snob, selon lequel les vrais gentlemen ne doivent pas profiter financièrement de leur pratique sportive.

International kick off, England v. Wales. The two captains are Meredith (right) and Knight. Meredith made forty-eight appearances for Wales, his last at the age of forty-nine in 1923.

Anstoß zur internationalen Begegnung England gegen Wales. Die beiden Kapitäne sind Meredith (rechts) und Knight. Meredith lief 48 Mal für Wales auf, zum letzten Mal 1923 im Alter von 49 Jahren.

Coup d'envoi de la rencontre internationale opposant l'Angleterre au pays de Galles. Les deux capitaines sont Meredith (à droite) et Knight. Meredith fut quarante-huit fois sélectionné dans l'équipe du pays de Galles. Pour sa dernière sélection, en 1923, il était âgé de quarante-neuf ans.

Match postponed. Arsenal players arrive at Highbury to discover their game against Grimsby Town has been called off because the pitch is waterlogged, 21 March 1914.

Spiel verschoben. Spieler von Arsenal treffen in Highbury ein und müssen feststellen, dass ihr Spiel gegen Grimsby Town abgesagt worden ist, weil der Platz unter Wasser steht, 21. März 1914.

21 mars 1914. Match remis. Les joueurs d'Arsenal arrivent à Highbury pour découvrir que la rencontre qui devait les opposer à Grimsby Town est annulée, la pelouse, gorgée d'eau, se révélant impraticable.

2. The game kicks off again Es wird wieder gespielt Un nouveau coup de sifflet

Ecstatic West Ham fans arrive at Wembley for the first FA Cup Final to be held in the new stadium, 28 April 1923. Their enthusiasm was later blunted when their team lost 2-0 to Bolton Wanderers. A week later they had the consolation prize of being promoted to the First Division.

Ekstatische Fans von West Ham treffen zum ersten Pokalfinale im neuen Stadion in Wembley ein, 28. April 1923. Die Begeisterung wurde gedämpft, als ihre Mannschaft den Bolton Wanderers mit 0:2 unterlag. Eine Woche darauf feierten sie zum Trost den Aufstieg in die erste Liga.

28 avril 1923. Les supporters déchaînés de West Ham arrivent à Wembley pour la première finale de la Cup devant se tenir dans le nouveau stade. Mais leur liesse sera de courte durée puisque quelques heures plus tard, leur équipe sera battue par les Bolton Wanderers sur le score de 2-0. Une semaine plus tard, West Ham se consolait en accédant à la première division.

The First World War had brought a halt to football throughout most of Europe. Soldiers played scratch games wherever they could, including the Christmas encounter between German and British troops in No-Man's Land in 1914. Football lost several great players in the war, and Steve Bloomer (Derby County and England) was interned in a German camp after accepting a coaching job in Berlin shortly before the outbreak of hostilities.

When football restarted in 1919 it did so with zest. Fifty thousand spectators watched Arsenal's first game at Highbury; the BBC transmitted the first live radio commentary on a game from the same ground. In 1928 *Athletic News* introduced their new 'Spot the Ball' competition, with a weekly prize of £500.

In England, Herbert Chapman's Huddersfield Town were the team of the Twenties and champions from 1924 to 1926. In Europe, Slavia Prague were the team of the decade, winning the Czech League every year save 1928. Other outstanding teams were Rapid Vienna (Austria), Beershot (Belgium), B93 København (Denmark) and 1. FC Nürnberg (Germany). The first Spanish League Championship was won by Barcelona in 1929.

Der Erste Weltkrieg hatte den Fußball fast in ganz Europa zum Erliegen gebracht. Soldaten improvisierten Spiele, so oft sie konnten, darunter auch ein Weihnachtsspiel zwischen deutschen und britischen Truppen 1914 im Niemandsland. Der Fußball verlor durch den Krieg mehrere große Spieler, und Steve Bloomer (Derby County und englischer Nationalspieler) wurde in einem deutschen Lager interniert, da er kurz vor Ausbruch der Feindseligkeiten eine Aufgabe als Trainer in Berlin übernommen hatte.

Als der Fußball 1919 wieder ins Rollen kam, tat er das mit gehörigem Schwung. Fünfzigtausend Zuschauer sahen das erste Spiel von Arsenal in Highbury; die BBC übertrug vom selben Platz aus erstmals ein Spiel live im Rundfunk. Im Jahre 1928 führte *Athletic News* das Preisausschreiben „Spot the Ball" („Wo ist der Ball") ein, bei dem jede Woche 500 £ zu gewinnen waren.

In England war Herbert Chapmans Huddersfield Town die Mannschaft der 20er Jahre und Meister von 1924 bis 1926. Auf dem europäischen Festland war Slavia Prag die Mannschaft des Jahrzehnts, sie gewann mit Ausnahme von 1928 jedes Jahr die tschechische

Meisterschaft. Weitere herausragende Mannschaften waren Rapid Wien (Österreich), Beershot (Belgien), B93 Kopenhagen (Dänemark) und der 1. FC Nürnberg (Deutschland). Die erste Meisterschaft der spanischen Liga wurde 1929 von Barcelona gewonnen.

La Première Guerre mondiale donna un coup d'arrêt à l'essor du football dans toute l'Europe. Cela n'empêchait pas les soldats d'improviser des parties sur des terrains de fortune, comme celle qui opposa des troupes allemandes et britanniques en territoire neutre le jour de Noël 1914. Plusieurs joueurs célèbres trouvèrent la mort lors du conflit. Steve Bloomer de Derby County et membre du onze national anglais fut interné juste avant le début des hostilités dans un camp allemand après avoir accepté un poste d'entraîneur à Berlin.

C'est dans l'enthousiasme que le jeu put reprendre normalement dès 1919. Cinquante mille spectateurs étaient présents pour assister à la première rencontre d'Arsenal à Highbury. Sur ce même terrain, la BBC réalisait la première transmission radiophonique en direct d'une rencontre de football. En 1928, le journal *Athletic News* lançait le concours « Spot the Ball » (« Où est le ballon ? ») doté chaque semaine d'un prix de 500 £.

En Angleterre, Huddersfield Town, l'équipe de Herbert Chapman, fut sans conteste la meilleure des années 20 en s'adjugeant le championnat de 1924 à 1926. Dans la même période, en Europe continentale, c'est le Slavia de Prague qui réunissait la meilleure équipe, remportant le championnat tchèque chaque année sauf en 1928. D'autres équipes s'illustrèrent, comme le Rapid de Vienne en Autriche, le club belge de Beershot, le B93 de Copenhague (Danemark) et le 1. FC Nürnberg en Allemagne. En Espagne, le premier championnat, organisé en 1929, vit la victoire de Barcelone.

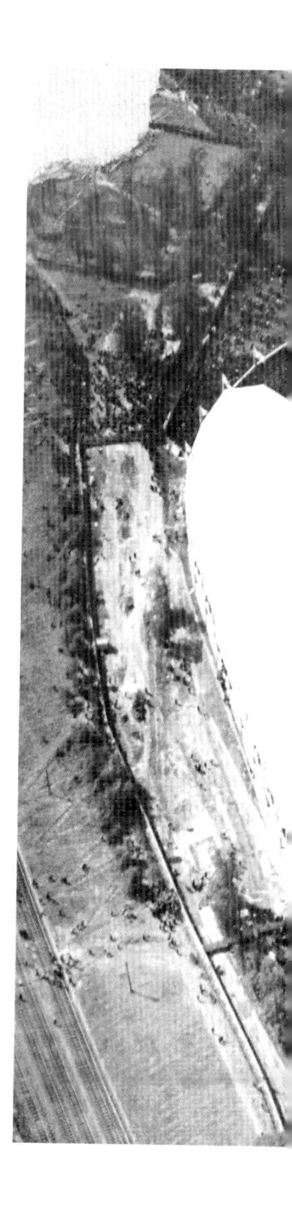

(Right) An aerial view of the first FA Cup Final at Wembley, 28 April 1923. Three hundred thousand fans arrived at a stadium with a capacity of 127,000. In the end, 200,000 squeezed into the ground and spilled onto the pitch. (Above) West Ham and Bolton players wait for the police to clear the playing area.

(Rechts) Luftaufnahme vom ersten englischen Pokalfinale im Wembley-stadion, 28. April 1923. 300 000 Fans kamen an einem Stadion an, das 127 000 fasste. 200 000 quetschten sich schließlich hinein, die Menge quoll bis auf die Spielfläche. (Oben) Spieler von West Ham und Bolton warten darauf, dass die Polizei die Spielfläche räumt.

(À droite) Vue aérienne de la première finale de la Cup à Wembley, le 28 avril 1923. 300 000 supporters se pressaient aux portes du stade qui ne pouvait en contenir que 127 000. Finalement, ce sont près de 200 000 spectateurs qui se massèrent sur le terrain et envahirent l'aire de jeu. (Ci-dessus) Les joueurs de West Ham et de Bolton attendent que les forces de police dégagent le terrain.

'I must ask you to accompany me to the dressing room...' Frank Hudspeth, captain of victorious Newcastle United, is escorted from the Wembley pitch after his team's 2-0 win over Aston Villa, 26 April 1924.

„Ich muss Sie bitten, mich in die Kabine zu begleiten!“ Frank Hudspeth, Kapitän von Newcastle United, wird nach dem 2:0-Sieg seiner Mannschaft über Aston Villa am 26. April 1924 in Wembley vom Platz eskortiert.

« Puis-je vous demander de m'accompagner jusqu'aux vestiaires ? » Frank Hudspeth, le capitaine de Newcastle United, sort sous bonne escorte du terrain de Wembley après la victoire de son équipe sur Aston Villa (2-0), le 26 avril 1924.

Tottenham Hotspur's Arthur Grimsdell and admirers leave Stamford Bridge with the FA Cup after Spurs beat Wolverhampton Wanderers 1-0, 23 April 1921.

Arthur Grimsdell von Tottenham Hotspur verlässt im Kreise von Bewunderern Stamford Bridge mit dem Pokal, nachdem die Spurs die Wolverhampton Wanderers am 23. April 1921 1:0 geschlagen haben.

23 avril 1921. Arthur Grimsdell, du Tottenham Hotspur, quitte Stamford Bridge entouré d'admirateurs après la victoire de son équipe face à Wolverhampton Wanderers, sur le score de 1-0.

Arsenal v. Wolverhampton Wanderers, 10 January 1926. The player on the left is Charlie Buchan, who had just been bought from Sunderland for £2,000, or £100 for every goal he scored in his first season with Arsenal. To the pleasure of his bank manager, he scored twenty-one.

Arsenal gegen Wolverhampton Wanderers, 10. Januar 1926. Der Spieler links ist Charlie Buchan, eine Neuerwerbung von Sunderland für die Summe von 2000 £ oder 100 £ für jedes Tor, das er in der ersten Spielzeit für Arsenal erzielte. Es wird Sunderlands Bank gefreut haben, dass er 21 erzielte.

Arsenal-Wolverhampton Wanderers (10 janvier 1926). Charlie Buchan (à gauche) vient d'être acheté à Sunderland pour la somme de 2 000 £ ou de 100 £ pour chaque but marqué durant sa première saison avec Arsenal. Pour la plus grande joie du banquier de Sunderland, il en a marqué 21 cette année-là.

John Mackie of Arsenal leaps to head the ball in Arsenal's FA Cup replay against Aston Villa at Highbury, 24 February 1926.

John Mackie von Arsenal hebt ab zum Kopfstoß. Pokalwiederholungsspiel von Arsenal gegen Aston Villa in Highbury, 24. Februar 1926.

Finale de la Cup rejouée le 24 février 1926. John Mackie (Arsenal) s'élève pour frapper ce ballon de la tête lors de la rencontre opposant son équipe à Aston Villa, à Highbury.

Losers. Charlie Buchan heads the line of Arsenal players for a photocall before the 1927 FA Cup Final. Arsenal were beaten by Cardiff City 1-0 and the Cup left England (for Wales) for the only time in the history of the competition.

Verlierer. Charlie Buchan an der Spitze der Arsenal-Spieler bei einem Fototermin vor dem Pokalendspiel 1927. Arsenal wurde von Cardiff City 1:0 geschlagen und zum einzigen Mal in der Geschichte des Wettbewerbs blieb der Pokal nicht in England sondern ging nach Wales.

Les vaincus. Charlie Buchan conduit les joueurs d'Arsenal à la finale 1927 de la Cup. Arsenal devait s'incliner 1-0 face à Cardiff City. C'est la seule fois de toute l'histoire de la compétition que la Cup a quitté l'Angleterre, pour s'installer au pays de Galles.

Winners. The Bolton Wanderers team that won the 1923 FA Cup Final, 2-0. (From left) Joe Smith, Haworth, Butler, John Smith, Nutall, Finney, Jennings, Vizard, Jack, Pym and Seddon. The goalscorers were John Smith and David Jack.

Gewinner. Die Mannschaft von Bolton Wanderers, die den Pokal 1923 mit 2:0 gewann. (Von links nach rechts) Joe Smith, Haworth, Butler, John Smith, Nutall, Finney, Jennings, Vizard, Jack, Pym und Seddon. Die Torschützen waren John Smith und David Jack.

Les vainqueurs. L'équipe des Bolton Wanderers remporte l'édition 1923 de la Cup sur le score de 2-0. (À partir de la gauche) Joe Smith, Haworth, Butler, John Smith, Nutall, Finney, Jennings, Vizard, Jack, Pym et Seddon. John Smith et David Jack marquèrent les buts de la victoire.

The sweet taste of success. David Jack, captain of Bolton Wanderers, drinks from the FA Cup after his team beat Manchester City in the final, Wembley, 24 April 1926. Jack scored the only goal of the match, but the real hero was Dick Pym, Bolton's goalkeeper.

Erfolg in vollen Zügen. David Jack, Kapitän der Bolton Wanderers, trinkt aus dem Pokal, nachdem seine Mannschaft Manchester City im Finale am 24. April 1926 in Wembley geschlagen hat. Jack erzielte das einzige Tor des Spiels, aber der eigentliche Held war Dick Pym, Boltons Torwart.

Certains fêtent la victoire. David Jack, le capitaine des Bolton Wanderers, boit à même la coupe après la victoire de son équipe à Wembley le 24 avril 1926 face à Manchester City. Jack a marqué le seul but du match mais le véritable héros de la rencontre fut Dick Pym, le gardien de but.

The sweet taste of refreshment. Members of the lowly Clapton (later Leyton) Orient team take their half-time oranges and water by the side of the pitch early in the season, August 1923.

Erfrischung in vollen Zügen. Genügsame Spieler der Mannschaft von Clapton (später Leyton) Orient nehmen am Rande des Spielfeldes während der Halbzeit Orangen und Wasser zu sich, kurz nach Beginn der Saison im August 1923.

D'autres se rafraîchissent. Des oranges et de l'eau pour la petite équipe de Clapton Orient (qui devait devenir Leyton Orient). Ses joueurs se désaltèrent au bord de la pelouse, en cette mi-temps de début de saison (août 1923).

Glory, glory, Clapton Orient! In the early days of the 1922-3 season, goalkeeper Galbraith gets in some practice.

Glory, Glory, Clapton Orient! Torwart Galbraith verschafft sich etwas Übung, kurz nach Beginn der Spielzeit 1922/23.

En avant, Clapton Orient ! L'entraînement du gardien Galbraith en ce début de saison 1922-1923.

Raby of Clapton Orient FC at the same training session. Later that season, Clapton moved further east. Eventually (in 1946), they would change their name to Leyton Orient.

Raby vom Clapton Orient FC während desselben Trainings. Im Verlauf der Spielzeit zog Clapton weiter nach Osten und änderte 1946 schließlich auch den Namen in Leyton Orient.

Raby, du Clapton Orient FC, lors de la même séance d'entraînement. Quelques mois plus tard, le club s'installait un peu plus à l'est et prenait en 1946 le nom de Leyton Orient.

Third Division South champions Crystal Palace at a rural training ground somewhere south of London, September 1921. Within a few years the surrounding countryside would be covered by housing developments.

Der Meister der dritten Liga Süd, Crystal Palace, auf einem Übungsgelände irgendwo südlich von London auf dem Lande, September 1921. Nur wenige Jahre später wich hier überall die Landschaft neuen Wohnvierteln.

Septembre 1921. L'équipe de Crystal Palace, championne de troisième division sud, s'entraîne dans la campagne au sud de Londres. Quelques années plus tard, des immeubles d'habitation auront complètement recouvert les champs avoisinants.

Arsenal players train at Highbury, 3 August 1927. (From left) Archie Clark, Reg Tricker, Dan Lewis, William Seddon and Bob John. Earlier that year, goal-keeper Lewis's fumble had lost Arsenal the FA Cup Final against Cardiff City.

Spieler von Arsenal trainieren in Highbury, 3. August 1927. (Von links nach rechts) Archie Clark, Reg Tricker, Dan Lewis, William Seddon und Bob John. Früher im selben Jahr hatte ein Missgriff von Torwart Lewis zur Niederlage im Pokalendspiel gegen Cardiff City geführt.

Entraînement des joueurs d'Arsenal à Highbury, le 3 août 1927. De gauche à droite : Archie Clark, Reg Tricker, Dan Lewis, William Seddon et Bob John. Quelques temps auparavant, une erreur du gardien d'Arsenal Lewis avait causé la défaite de son équipe en finale de la Cup, face à Cardiff City.

(Above) A packed stadium watches the FA Cup Final between Aston Villa and Huddersfield Town, Stamford Bridge, April 1920. In extra time Billy Kirton scored the only goal and Villa won 1-0. (Right) Another day, another drama – Stamford Bridge on a typical Saturday.

(Oben) Pokalfinale zwischen Aston Villa und Huddersfield Town, Stamford Bridge, April 1920, in einem ausverkauften Stadion. In der Nachspielzeit erzielte Billy Kirton das einzige Tor – Aston Villa gewann 1:0. (Rechts) Ein anderer Tag, ein anderes Drama – Stamford Bridge an einem typischen Samstag.

(Ci-dessus) Un stade plein à craquer pour assister à la finale de la Cup entre Aston Villa et Huddersfield Town à Stamford Bridge, en avril 1920. Durant les prolongations, Billy Kirton marquait le but de la victoire pour Villa, qui l'emportait 1-0. (Ci-contre) Une autre journée et une autre rencontre mais toujours à Stamford Bridge, un samedi comme les autres.

CHELSEA
FOOTBALL
CLUB

A vociferous Portsmouth supporter arrives in London for the FA Cup Final, 27 April 1929. At the end of the day, Portsmouth had to be content with the replica Cup he is carrying. They were beaten by Bolton Wanderers 2-0.

Ein stimmgewaltiger Portsmouth-Anhänger trifft zum Pokalfinale am 27. April 1929 in London ein. Am Ende des Tages musste sich Portsmouth mit solch einer Kopie des Pokals zufrieden geben. Portsmouth unterlag den Bolton Wanderers 0:2.

27 avril 1929. Un bruyant supporter de Portsmouth arrive à Londres pour assister à la finale de la Cup. À l'issue de la rencontre, l'équipe de Portsmouth, battue 2-0 par les Bolton Wanderers, dut se contenter de la coupe brandie par ce supporter.

A group of Fulham supporters at Craven Cottage for an important Cup game in March 1926. The message on one fan's hat reads: 'UP FULHAM. LET 'EM ALL COME. THE BIGGER, THE BETTER' – but without the punctuation.

Eine Gruppe von Fulham-Anhängern bei einem wichtigen Pokalspiel, Craven Cottage, März 1926. Die Aufschrift am Hut eines Fans lautet: „HOCH FULHAM. SIE SOLLEN NUR KOMMEN – JE STÄRKER, DESTO BESSER!".

Des supporters de Fulham au Craven Cottage lors d'une importante rencontre de Cup, en mars 1926. L'inscription sur le chapeau du supporter dit : « EN AVANT, FULHAM. PLUS L'ADVERSAIRE EST FORT, MIEUX C'EST ».

(Left) Hughie Gallacher leads Newcastle United on to the pitch at Highbury, 2 October 1926. In 1925 Gallacher moved from Scottish club Airdrie for £5,500. In season 1926-7 Newcastle won the First Division Championship, their first since 1909. (Above) Jimmy McMullan is escorted from the Wembley pitch by fans after Scotland have thrashed England 5-1, 31 March 1928.

(Links) Hughie Gallacher führt Newcastle United am 2. Oktober 1926 in Highbury aufs Spielfeld. Gallacher war 1925 für 5500 £ vom schottischen Klub Airdrie gekommen. In der Spielzeit 1926/27 gewann Newcastle die Meisterschaft, die erste seit 1909. (Oben) Jimmy McMullan wird von Fans vom Platz im Wembley geleitet, nachdem Schottland England vernichtend mit 5:1 geschlagen hatte, am 31. März 1928.

(À gauche) L'équipe de Newcastle United fait son entrée sur le terrain de Highbury, emmenée par Hughie Gallacher (2 octobre 1926). Gallacher avait été acheté au club écossais d'Ardrie l'année précédente, pour la somme de 5 500 £. Newcastle remporta le championnat de première division durant la saison 1926-1927, ce qui ne leur était pas arrivé depuis 1909. (Ci-dessus) Une haie d'honneur accompagne Jimmy McMullan pour quitter la pelouse de Wembley après la victoire écrasante (5-1) de l'Écosse face à l'Angleterre, le 31 mars 1928.

(Left) A First Division clash at White Hart Lane, March 1922. Tottenham's goalkeeper, Hardy, clears a Cardiff City attack. It was a good year for both teams. Spurs were runners-up in the League and Cardiff finished fourth. (Above) In a Second Division match at Stamford Bridge, 10 April 1926, Chelsea's McKenna dives to deny Sheffield Wednesday's Jimmy Trotter.

(Links) Ein Erstligazusammenstoß in der White Hart Lane im März 1922. Tottenhams Torwart Hardy klärt bei einem Angriff von Cardiff City. Es war ein gutes Jahr für beide Mannschaften. Die Spurs schlossen die Liga mit Platz zwei ab, Cardiff mit Platz vier. (Oben) In einem Zweitligaspiel, 10. April 1926, Stamford Bridge, wirft sich McKenna von Chelsea Jimmy Trotter von Sheffield Wednesday in den Lauf.

(À gauche) Rencontre au sommet de première division à White Hart Lane, en mars 1922. Hardy, le gardien de Tottenham, parvient à repousser une attaque de Cardiff City. Les deux équipes effectuèrent une excellente saison, les Spurs terminant seconds du championnat et Cardiff se classant à la quatrième place. (Ci-dessus) Rencontre de deuxième division à Stamford Bridge, le 10 avril 1926. Le gardien de Chelsea McKenna plonge dans les pieds de Jimmy Trotter (Sheffield Wednesday).

Karate kids 1. Arsenal centre-half Butler beats Hughie Gallacher of Newcastle United to the ball at Highbury, 2 October 1926.

Karatekids zum Ersten. Arsenals Mittelläufer Butler im Kampf um den Ball mit Hughie Gallacher von Newcastle United, Highbury, 2. Oktober 1926.

Karaté Kid 1. Highbury, 2 octobre 1926. Lutte pour le ballon entre Gallacher (Newcastle United) et Butler, le demi-centre d'Arsenal, qui tourne à l'avantage de ce dernier.

Karate kids 2. Desperate defence in the corner of the six-yard box as Arsenal attack the Aston Villa goal at Highbury, 24 February 1926. The atmosphere of damp chill in this picture somehow typifies English football.

Karatekids zum Zweiten. Verzweifelte Verteidigung in der Ecke des Fünfmeterraumes bei einem Angriff von Aston Villa auf das Tor von Arsenal, Highbury, 24. Februar 1926. Die Atmosphäre von feuchter Kälte auf diesem Bild ist für den englischen Fußball irgendwie typisch.

Karaté Kid 2. Highbury, 24 février 1926. Une défense acharnée d'Aston Villa au coin des six mètres, face aux assauts d'Arsenal. Le temps froid et humide qui semble régner ce jour-là est assez typique des rencontres de football en Angleterre.

The English comedian George Robey lines up with the English Ladies team before their match with the French Ladies at Herne Hill in south London, 12 May 1925. Though he doubtless enjoyed the female company, Robey preferred cricket to football.

Der englische Komiker George Robey posiert mit der englischen Damenmannschaft vor dem Spiel gegen die französische Auswahl in Herne Hill in Südlondon, 12. Mai 1925. Robey genoss zweifellos die weibliche Gesellschaft, zog aber Kricket dem Fußball vor.

12 mai 1925. L'acteur George Robey pose en compagnie de l'équipe féminine d'Angleterre, avant la rencontre contre l'équipe de France disputée à Herne Hill, au sud de Londres. S'il semble apprécier cette charmante compagnie, Robey n'en préférait pas moins le cricket au football.

Not how they do it at Anfield... The French Ladies captain, Carmen Pomies, and Florrie Redford of England exchange pleasantries before the kick-off later that same afternoon.

Nicht ganz der Stil der harten Kicker. Die Spielführerinnen der französischen und der englischen Damenauswahl, Carmen Pomies und Florrie Redford, sind lieb zueinander, vor dem Anstoß zu ihrer Partie an diesem Nachmittag.

Non, ce n'est pas le Tournoi des Cinq Nations... Un peu plus tard le même jour, les capitaines des équipes féminines de France et d'Angleterre, Carmen Pomies et Florrie Redford. échangent des civilités avant le coup d'envoi de la rencontre.

Edward, Prince of Wales (later Duke of Windsor), kicks off in a charity match between Tottenham Hotspur and Fulham, 1921. One hopes that the gun in his hand is only a starting pistol.

Edward, der Prince of Wales (später Herzog von Windsor), führt den Anstoß zu einem Wohltätigkeitsspiel zwischen Tottenham Hotspur und Fulham aus, 1921. Bei der Pistole in seiner Hand handelt es sich hoffentlich nur um eine Starterpistole.

Édouard, prince de Galles (et futur duc de Windsor) donne le coup d'envoi d'un match au profit d'œuvres de bienfaisance opposant Tottenham Hotspur et Fulham, en 1921. On espère que le pistolet dans sa main droite est chargé à blanc...

Keeping head, hat and feather boa well over the ball, the Honourable Irene Lawley shows an elegant turn of ankle as she kicks off for the Royal Army Medical Corps, somewhere in England, February 1916.

Vorbildliche Schusshaltung. Die Hochwohlgeborene Irene Lawley bringt Kopf, Hut und Federboa vorschriftsmäßig über den Ball, mit graziösem Innenrist-schlenzer, beim Anstoß für das Royal Army Medical Corps, irgendwo in England, Februar 1916.

Pas facile de ne pas se désunir en frappant le ballon, surtout lorsque, comme l'honorable Irène Lawley, on porte chapeau et boa. Elle réussit pourtant avec élégance à donner le coup d'envoi d'un match du Royal Army Medical Corps, en février 1916.

The miniature mascot. Everton supporters arrive at Euston Station, London, en route to the 4th Round FA Cup tie against Arsenal, 28 January 1927. Despite the brilliance of Dixie Dean, Arsenal won 4-3.

Miniaturmaskottchen. Everton-Anhänger treffen in der Euston Station in London ein, auf dem Weg zur Viertrunden-Pokalbegegnung gegen Arsenal am 28. Januar 1927. Obwohl Dixie Dean glänzend spielte, gewann Arsenal 4:3.

La mascotte de l'équipe. Les supporters d'Everton arrivent en gare d'Euston à Londres, ce 28 janvier 1927, pour assister au quatrième tour de Cup opposant leur équipe à Arsenal. Malgré tout le brio de Dixie Dean, Arsenal devait finalement l'emporter sur le score de 4-3.

The Real McCoy – Dixie Dean. He scored 349 goals for Everton in 399 games, twelve goals for England in his first five internationals, and eighty-two goals in a single season.

Diesmal der Echte – Dixie Dean. Er schoss 349 Tore für Everton in 399 Spielen, zwölf Tore für England bei seinen ersten fünf Länderspielen und 82 Tore in einer einzigen Spielzeit.

Dixie Dean, en chair et en os. Il fut l'auteur de 349 buts en 399 rencontres pour le compte d'Everton, de douze buts avec le maillot de l'équipe d'Angleterre lors de ses cinq premiers matches internationaux et réussit l'exploit de marquer à quatre-vingt-deux reprises en une seule saison.

(Left) England's greatest goalscorer of the 1920s: Dixie Dean (left) in action against Ireland in 1928. (Right) Arsenal forwards pressure the Preston North End goal-keeper at Highbury, March 1922.

(Links) Englands bester Torjäger der 1920er: Dixie Dean (links) bei einer Aktion gegen Irland 1928. (Rechts) Stürmer von Arsenal setzen den Torwart von Preston North End unter Druck, Highbury, März 1922.

(À gauche) Dixie Dean, le meilleur buteur anglais des années vingt (à gauche sur la photo) en pleine action face à l'Irlande, lors d'une rencontre disputée en 1928. (À droite) À Highbury, pression des avants d'Arsenal sur le gardien de Preston North End (mars 1922).

Finding the line. A groundsman sweeps away the snow at Craven Cottage before the FA Cup tie replay between Fulham and Everton, 14 January 1926. Luxuries such as undersoil heating were not an option.

Wo ist die Auslinie? Ein Platzwart fegt Schnee in Craven Cottage vor dem Pokalrückspiel zwischen Fulham und Everton am 14. Januar 1926. Ein Luxus wie Rasenheizung war nicht auf der Angebotsliste.

Où est la ligne ? 14 janvier 1926. Le personnel d'entretien évacue la neige pour permettre à Fulham et à Everton de rejouer leur match de Cup au Craven Cottage. On attend encore l'invention des pelouses chauffées...

Losing the toss. The referee's coin disappears in the snow before the start of the game between Arsenal and Manchester United at Highbury, 16 January 1926. Another glorious afternoon on the terraces lies ahead.

Wo ist die Münze? Bei der Seitenwahl vor Anpfiff des Spiels zwischen Arsenal und Manchester United verschwindet die Münze des Schiedsrichters im Schnee, Highbury, 16. Januar 1926. Die Ränge erwarten einen weiteren ruhmreichen Nachmittag.

Où est la pièce ? 16 janvier 1926. La pièce du tirage au sort décidant du coup d'envoi entre Arsenal et Manchester United est quelque part sous la neige qui recouvre Highbury. Encore un après-midi de rêve pour le public...

Not Moscow Dynamo but Tottenham Hotspur players in fur hats and false beards for a game in which they appeared as 'the Beavers' against a Variety Artists team at White Hart Lane in March 1923.

Nicht etwa Dynamo Moskau, sondern die Spieler von Tottenham Hotspur mit Pelzmützen und falschen Bärten. Sie liefen als die „Biber" zu einem Spiel gegen Varietéartisten in White Hart Lane im März 1923 auf.

Non, ce n'est pas le Dynamo de Moscou mais bien les joueurs de Tottenham Hotspur affublés d'une toque de fourrure, d'une fausse barbe et rebaptisés « Les Castors » à l'occasion d'une rencontre contre le Variety Artists à White Hart Lane (mars 1923).

Len Graham, captain of Millwall, leads his team (nicknamed the Lions) out at The Den, 15 March 1927. The mangy looking creature on all fours – and clearly an object of amusement – is the team mascot.

Len Graham, Mannschaftkapitän von Millwall, führt sein Team (Spitzname: „die Löwen") am 15. März 1927 in The Den („die Höhle"). Das räudige Geschöpf auf allen Vieren – offenbar Gegenstand allgemeiner Heiterkeit – ist das Mannschaftsmaskottchen.

15 mars 1927. Len Graham, le capitaine des Millwall, emmène son équipe (surnommée « Les Lions ») pour l'entrée sur le stade du Den (« l'antre »). La créature miteuse à quatre pattes, qui amuse visiblement tout le monde, est la mascotte de l'équipe.

West Ham players practise with a small ball on the pier at Southend. They were visiting the brine baths at the seaside resort as part of their midwinter training in January 1925.

Spieler von West Ham üben mit einem winzigen Ball auf dem Pier von Southend. Sie besuchten die Meerbäder in diesem Kurort als Bestandteil ihres Wintertrainings im Januar 1925.

Un entraînement improvisé avec une petite balle pour les joueurs de West Ham, sur l'embarcadère de Southend. En ce mois de janvier 1925, l'équipe fréquentait la station balnéaire pour compléter l'entraînement hivernal par des bains d'eau de mer.

3. The world stage
Die ganze Welt
À l'assaut de la planète

Television cameras at Arsenal's Highbury for the first ever live transmission of a football match – Arsenal v. Arsenal Reserves, 16 September 1937. 'Even at 6pm when the light was failing, one could clearly see the furthest touchline. Not once did I lose sight of the ball. The players were distinct', wrote Douglas Walters in the *Daily Herald*.

Fernsehkameras in Arsenals Highbury-Stadion für die allererste Liveübertragung eines Fußballspiels: Arsenal gegen die Arsenal Reserve, 16. September 1937. „Selbst um sechs Uhr abends, als das Licht nachließ, konnte man die am weitesten entfernte Linie noch deutlich erkennen. Nicht ein einziges Mal verlor ich den Ball aus den Augen. Die Spieler waren sehr deutlich", schrieb Douglas Walters im *Daily Herald*.

Des caméras de télévision au Highbury d'Arsenal pour la première retransmission en direct d'un match de football opposant l'équipe première d'Arsenal à la réserve, le 16 septembre 1937. Douglas Walter relatait son expérience dans le *Daily Herald* : « Même à six heures de l'après-midi, alors que la luminosité déclinait, on pouvait encore voir la ligne de touche tout au fond du terrain. La caméra n'a jamais perdu de vue le ballon et l'on pouvait distinguer les joueurs entre eux. »

Almost all the elements of modern soccer were in place by the end of the 1930s: massive crowds, large transfer fees, players moving abroad to play, and international competitions. In 1932 Movietone News cameras at Wembley revealed that the FA Cup Final referee should have disallowed Newcastle's first goal against Arsenal. Six years later an entire game was televised live. Herbert Chapman, the first of the modern football managers, was advocating use of a white ball, numbered shirts and floodlit football, all of which suggestions were turned down. The greatest innovation of all was the World Cup. During the 1924 Olympics, Jules Rimet, President of FIFA, met Enrique Buero, Uruguayan ambassador to Belgium, in a park in Paris. Rimet outlined his plans for a world competition. Buero promised that his country would be happy to host such a competition and pay the costs of all competing nations; a splendid way, he said, to celebrate Uruguay's centenary.

And so it proved. Uruguay won the first ever World Cup in 1930, beating Argentina 4-2. In 1934 and 1938 Italy beat all comers – there weren't very many. Argentina, Uruguay and England were among those who boycotted the competition, and their places were taken by brave substitutes, among them Cuba and the Dutch East Indies. In 1939, War stopped league action.

Fast alle Elemente des modernen Fußballspiels waren am Ende der 30er Jahre beisammen: riesige Zuschauermengen, große Transfersummen, Spieler, die ins Ausland verpflichtet wurden, und internationale Wettbewerbe. Im Jahre 1932 bewiesen Kameras der Movietone News im Wembleystadion, dass der Schiedsrichter des Pokalendspiels das erste Tor von Newcastle gegen Arsenal nicht hätte geben dürfen. Sechs Jahre später wurde ein ganzes Spiel live im Fernsehen übertragen. Herbert Chapman, der erste der modernen Fußballtrainer, kämpfte um die Einführung eines weißen Balles, Trikots mit Rückennummern und Flutlichtanlagen, aber alle diese Vorschläge wurden von abgelehnt. Die allergrößte Neuerung jedoch war die Weltmeisterschaft. Am Rande der Olympischen Spiele von 1924 trafen sich Jules Rimet, der Präsident der FIFA, und Enrique Buero, der Botschafter Uruguays in Belgien, in einem Pariser Park. Rimet skizzierte seine Pläne für einen weltweiten Wettbewerb. Buero versicherte ihm, sein Land sei gern bereit, die Gastgeberrolle zu übernehmen und die Kosten der teilnehmenden Nationen zu tragen; das wäre eine glanzvolle Art und Weise das hundertjährige Jubiläum Uruguays zu begehen.

In der Tat. Uruguay gewann 1930 den allerersten Weltmeisterschaftstitel mit einem 4:2-Sieg über Argentinien. In den Jahren 1934 und 1938 schlug Italien alle, die gekommen waren – sehr viele waren es nicht. Argentinien, Uruguay und England gehörten zu den Nationen, die den Wettbewerb boykottierten, und ihre Plätze wurden von tapferen Ersatzmannschaften eingenommen, darunter Kuba und Niederländisch-Indien. 1939 brachte der Krieg den Ligabetrieb zum Erliegen.

À la fin des années trente, toutes les caractéristiques du football moderne étaient réunies : un public nombreux, des montants élevés pour le transfert des joueurs qui n'hésitaient pas à s'expatrier et l'existence de compétitions au niveau international. Dès 1932, les images prises par les caméras de Movietone News à Wembley donnaient tort à l'arbitre qui, en finale de la Cup, avait accordé un but non valable à Newcastle, au détriment d'Arsenal. La première retransmission intégrale et en direct d'un match de football eut lieu six ans plus tard. Herbert Chapman, pionnier des managers modernes, militait déjà pour l'emploi d'un ballon de couleur blanche, le port de maillots numérotés et l'installation de systèmes d'éclairage artificiel, mais ces suggestions furent toutes refusées. La création de la Coupe du monde constitua l'innovation majeure de cette époque. C'est lors des Jeux Olympiques de 1924 que Jules Rimet, alors président de la FIFA, rencontra Enrique Buero, l'ambassadeur d'Uruguay en Belgique. Durant la rencontre, qui eut lieu dans un parc à Paris, Rimet exposa son projet d'organiser une compétition où seraient engagées des équipes de tous horizons. Buero déclara que la nation uruguayenne serait heureuse de célébrer son centenaire en prenant à sa charge l'organisation de l'épreuve ainsi que les frais des pays participants.

Ainsi fut-il décidé et la première finale de la Coupe du monde, en 1930, vit la victoire du pays organisateur sur l'Argentine (4-2). L'Italie s'imposa en 1934 et en 1938 face à tous les autres participants qui, il faut bien le dire, n'étaient pas très nombreux. L'Argentine, l'Uruguay et l'Angleterre, notamment, avaient boycotté les épreuves et leurs équipes furent remplacées par d'autres pleines de bonne volonté comme celles de Cuba ou des Indes orientales hollandaises. En 1939, les championnats furent interrompus par la guerre.

Montevideo, 30 July 1930. Argentina's goalkeeper Botasso dives in vain to stop Uruguay's third goal in the World Cup Final. They eventually won the game 4-2. The 'little revolution' in football had begun.

Montevideo, 30. Juli 1930. Argentiniens Torhüter Botasso kann mit einer Flugparade Uruguays drittes Tor im Weltmeisterschaftsfinale nicht verhindern. Uruguay gewann schließlich 4:2. Die „kleine Revolution" im Fußball hatte begonnen.

Montevideo, le 30 juillet 1930. Botasso, le gardien argentin, essaie en vain d'empêcher le troisième but uruguayen lors de la finale de la Coupe du monde, que l'Uruguay remporta sur le score de 4-2. La « petite révolution » du football était déjà en marche.

The moment of victory. In front of a crowd of 93,000 Lorenzo Fernandez, Pedro Cea and Hector Scarone of Uruguay celebrate as the final whistle blows.

Der Augenblick des Sieges. Vor 93 000 Zuschauern feiern Lorenzo Fernandez, Pedro Cea und Hector Scarone, Uruguay, den Schlusspfiff.

Après le coup de sifflet final, Lorenzo Fernandez, Pedro Cea et Hector Scarone laissent éclater leur joie, pour cette victoire acquise devant 93 000 spectateurs.

The world's finest goalkeeper on one of his worst days. The legendary Ricardo Zamora of Spain in peaked cap leaps to make a save against England at Highbury, 9 December 1931, but England won 7-1.

Der beste Torhüter der Welt an einem seiner schlechtesten Tage. Der legendäre Ricardo Zamora, Spanien, mit Schirmmütze, pariert gegen England am 9. Dezember 1931 in Highbury, aber England gewann 7:1.

Le meilleur gardien du monde en pleine action, lors d'une des pires rencontres de sa carrière. Ricardo Zamora, le gardien légendaire de l'équipe d'Espagne (ici avec une casquette à visière) s'élance pour écarter le danger lors d'une rencontre contre l'Angleterre à Highbury, le 9 décembre 1931. L'Angleterre s'imposa sur le score de 7 buts à 1.

Zamora in training at Stamford Bridge, 7 December 1931. Two years earlier, in Madrid, Zamora had been the backbone of the Spanish team that inflicted the first ever defeat on England by a non-British side.

Zamora beim Training im Stadion an der Stamford Bridge, am 7. Dezember 1931. Zwei Jahre zuvor war Zamora in Madrid das Rückgrat der spanischen Mannschaft gewesen, die England die allererste Niederlage durch ein nichtbritisches Team zugefügt hatte.

Zamora s'entraîne à Stamford Bridge, le 7 décembre 1931. Deux jours auparavant, Zamora avait joué un rôle déterminant dans la victoire de son équipe face à l'Angleterre qui, pour la première fois, s'inclinait devant une équipe non britannique.

(Left) Super sea. Members of Torquay United practise on the beach at Anstey's Cove, 1 February 1938. (Above) Pea-souper. Millwall's goalkeeper Pearson peers through thick fog during the semi-final of the London Challenge Cup against Arsenal, 6 December 1937.

(Links) Prima Klima. Spieler von Torquay United üben am Strand von Anstey's Cove, 1. Februar 1938. (Oben) Blasser Dunst. Millwalls Torhüter Pearson stochert im dichten Nebel beim Halbfinale des London Challenge Cup gegen Arsenal, 6. Dezember 1937.

(À gauche) Une mer d'huile pour les joueurs de Torquay United qui s'entraînent sur la plage d'Anstey's Cove, le 1er février 1938. (Ci-dessus) De la purée de pois pour Pearson, le gardien de Millwall, que l'on aperçoit dans le brouillard lors de la demi-finale de la London Challenge Cup contre Arsenal, le 6 décembre 1937.

Alex James tests the new 'muscle developer' at Highbury, 6 December 1932. James was one of Arsenal's many star players. Before his transfer to Arsenal, he played for Preston North End, a team known as 'Alex James and ten others'.

Alex James probiert den neuen „Muskeltrainer" in Highbury aus, 6. Dezember 1932. James war einer der zahlreichen Starspieler von Arsenal. Vor seinem Transfer zu Arsenal spielte er für Preston North End, einen Verein mit dem Spitznamen „Alex James und zehn andere".

Alex James teste un nouvel « appareil de musculation » à Highbury, le 6 décembre 1932. James était alors l'une des nombreuses stars jouant à Arsenal. Avant son transfert à Arsenal, il jouait dans l'équipe de Preston North End, alors souvent appelée « l'équipe d'Alex James et les autres ».

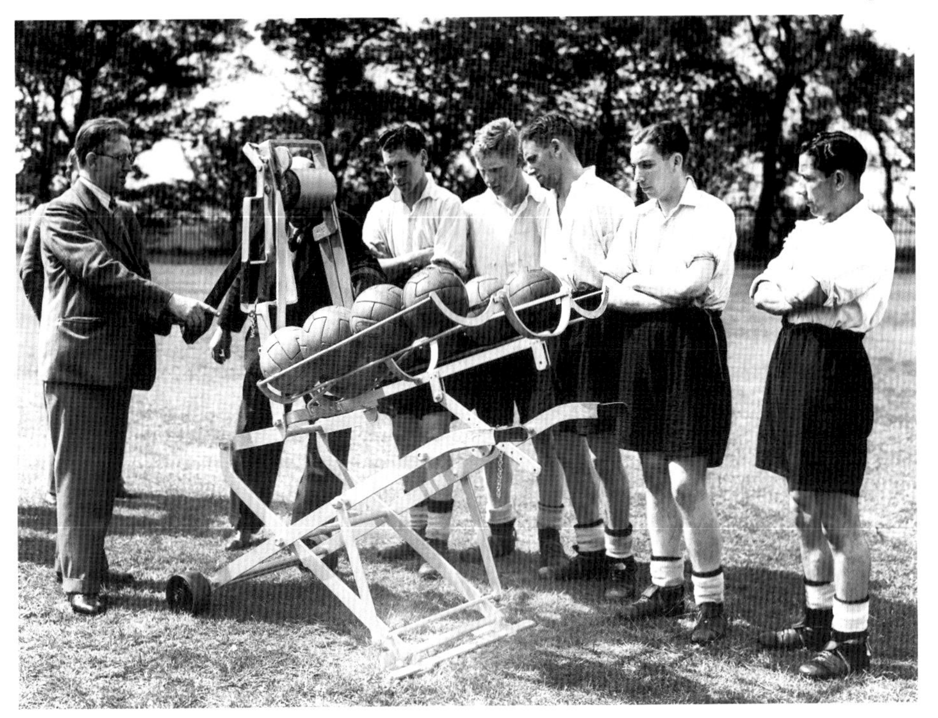

Young footballers in Leeds study a football projector, 8 July 1938. The machine could fire the heavy leather footballs at a variety of heights and angles.

Junge Fußballer in Leeds machen sich mit einem Ballkatapult vertraut, 8. Juli 1938. Die Maschine konnte die schweren Lederbälle in unterschiedliche Höhe und aus veränderbarem Winkel abschießen.

À Leeds, de jeunes footballeurs examinent ce lanceur de ballons, 8 juillet 1938. La machine était capable d'envoyer les lourds ballons de cuir à des hauteurs et à des angles variables.

Before the season... manager George Allison addresses the Arsenal squad at the start of their training, 2 August 1938. The Thirties belonged to Arsenal. They won the League Championship five times, the FA Cup once, and had seven players in the 1934 England team that played Italy in the notorious Battle of Highbury.

Vor Beginn der Saison ... Trainer George Allison spricht vor der Mannschaft von Arsenal bei Trainingsbeginn am 2. August 1938. Die Dreißiger gehörten Arsenal. Die Mannschaft wurde fünfmal Meister, einmal Pokalsieger, und stellte sieben Spieler der englischen Nationalmannschaft von 1934, die in der berüchtigten „Schlacht von Highbury“ gegen Italien spielte.

Avant la saison ... L'entraîneur d'Arsenal George Allison motive ses troupes au début de l'entraînement, le 2 août 1938. Les années trente furent « les années Arsenal », l'équipe s'adjugeant le championnat à cinq reprises et la Cup une fois. De plus, l'équipe d'Angleterre qui disputa en 1934 à Highbury le match mémorable contre l'Italie ne comptait pas moins de sept joueurs d'Arsenal dans ses rangs.

Before the match... George Allison rehearses tactics for Saturday's game, November 1938. Arsenal's popularity stemmed partly from excellent public relations and their proximity to media bases in London.

Vor dem Spiel ... George Allison geht die Taktik für das Samstagsspiel durch, November 1938. Die Beliebtheit von Arsenal lag zum Teil auch an der exzellenten Öffentlichkeitsarbeit und der Nähe zu den wichtigen Medienstandorten in London.

Avant une rencontre... George Allison récapitule la tactique à mettre en œuvre pour le match d'un samedi de novembre 1938. La popularité d'Arsenal était notamment due à la qualité de ses relations publiques et à la proximité géographique du club et des médias londoniens.

Rattles at the ready, Manchester City supporters stop off in London's Trafalgar Square on their way to the FA Cup Final, 29 April 1933. The journey home would be more subdued: Everton won 3-0.

Hoch die Schnarren! Anhänger von Manchester City legen auf dem Weg zum Pokalfinale am 29. April 1933 einen Zwischenstopp am Trafalgar Square ein. Die Heimreise wurde etwas weniger fröhlich: Everton gewann 3:0.

Prêts pour la fête, les supporters de Manchester City arrivent à Trafalgar Square pour assister à la finale de la Cup, le 29 avril 1933. Le voyage de retour sera moins gai, Everton l'ayant emporté sur le score de 3-0.

Same team, same place, one year later. An impromptu game of football for Manchester City fans before heading to Wembley for another FA Cup Final. This time they had better luck. City beat Portsmouth 2-1. When the final whistle blew, Frank Swift, City's teenage goalkeeper fainted.

Gleiche Mannschaft, gleicher Ort, ein Jahr später. Ein improvisiertes Fußballspiel von Manchester-City-Fans, bevor sie sich auf den Weg zu einem weiteren Pokalfinale im Wembleystadion machen. Diesmal hatten sie mehr Glück. Manchester schlug Portsmouth 2:1. Frank Swift, der Teenager, der für Manchester City das Tor hütete, fiel beim Schlusspfiff in Ohnmacht.

Même équipe, même endroit, un an plus tard. Les supporters de Manchester City improvisent un petit match avant de se rendre à Wembley pour une nouvelle finale de Cup. Avec plus de succès cette fois puisque Manchester City devait s'imposer sur le score de 2-1 face à Portsmouth. Submergé par l'émotion, Frank Swift, le tout jeune gardien de Manchester, s'évanouit au coup de sifflet final.

Leading them on. Dixie Dean leads Everton out for their game against Arsenal at Highbury, 29 August 1936. Despite (or perhaps because of) the silver plates inserted in his skull after a motorcycling accident, Dean was an inspirational captain.

Erster beim Auftritt. Dixie Dean führt die Mannschaft von Everton zum Spiel gegen Arsenal auf den Platz, Highbury, 29. August 1936. Trotz (oder vielleicht wegen) der Silberplatten, die ihm nach einem Motorradunfall in die Schädelknochen eingesetzt wurden, inspirierte Dean als Kapitän seine Mannschaft.

En avant ! Dixie Dean emmène les troupes d'Everton pour une rencontre à Highbury contre Arsenal, le 29 août 1936. Suite à un accident de motocyclette, Dean avait dû se faire poser des plaques d'argent sur le crâne. Est-ce la raison pour laquelle il se montrait tellement inspiré dans son rôle de capitaine ?

Leading them off. Dave Mangnall, Millwall's captain, flies through the crowds after his team's shock defeat of Manchester City in the FA Cup quarter-final at The Den, 6 March 1937.

Erster beim Abgang. Dave Mangnall, Spielführer von Millwall, fliegt durch die Menge nach dem Überraschungssieg über Manchester City im englischen Viertelfinale in The Den (die „Höhle"), 6. März 1937.

Fuyons ! Dave Mangnall, capitaine de Millwall, échappe à la foule après la victoire surprise de son équipe au Den (« l'antre »), face à Manchester City, en quart de finale de la Cup, 6 mars 1937.

Up for the Cup and the bottle. Supporters of Second Division West Ham in happy mood before their team lost to eventual FA Cup winners Everton in the semi-final at Molyneux, 18 March 1933.

Hoch die Tassen, hoch der Pokal. Anhänger von West Ham aus der zweiten Liga in bester Laune vor der Niederlage ihrer Mannschaft gegen den späteren Pokalgewinner Everton im Halbfinale im Molyneux-Stadion, 18. März 1933.

Haut les cœurs et haut les coudes ! 18 mars 1933. Allégresse chez les supporters de l'équipe de deuxième division West Ham avant la défaite de leur équipe en demi-finale de Cup face au futur tenant du trophée Everton, dans le stade de Molyneux.

In the days before Health and Safety Regulations, a lone peeper watches Millwall again take on Manchester City in the FA Cup, 8 January 1938. This time the Lions were unsuccessful.

In den Tagen vor Einführung von Schutz- und Sicherheitsbestimmungen beobachtet ein einsamer Zaungast ein weiteres Pokalspiel von Millwall gegen Manchester City am 8. Januar 1938. Diesmal hatten die „Löwen" keinen Erfolg.

8 janvier 1938. C'était avant l'adoption de règles de sécurité… Un spectateur esseulé suit une nouvelle rencontre entre Millwall et Manchester City en match de Cup. Cette fois-ci, les Lions ne connurent pas la même réussite.

Hampden Park, Glasgow, 29 March 1933. This was the stadium with the largest capacity in Britain. In 1937 a record crowd of just over 149,000 saw Scotland beat England 3-1 here.

Hampden Park, Glasgow, 29. März 1933. Dies war das Stadion mit dem größten Fassungsvermögen in Großbritannien. Eine Rekordbesucherzahl von knapp über 149 000 sah 1937 hier den 3:1-Sieg Schottlands über England.

Au Hampden Park de Glasgow, le 29 mars 1933. C'était alors le plus grand stade britannique. C'est là que fut établi un record d'affluence avec plus de 149 000 entrées lors de la rencontre Écosse-Angleterre, qui vit la victoire de l'Écosse sur le score de 3-1.

10
9
Q.P.F.C.

All to play for. Vittorio Pozzo encourages members of the Italian team before extra time in the World Cup Final in Rome, 10 June 1934. Pozzo switched the positions of his two strikers, enabling Italy to beat Czechoslovakia 2-1.

Es geht um alles. Vittorio Pozzo ermutigt die italienischen Spieler vor Anpfiff der Verlängerung beim Weltmeisterschaftsfinale in Rom, am 10. Juni 1934. Pozzo tauschte die Positionen seiner beiden Stürmer und ermöglichte damit den 2:1-Sieg Italiens über die Tschechoslowakei.

Rien n'est joué. Vittorio Pozzo encourage les joueurs italiens avant les prolongations de la finale de la Coupe du monde à Rome, le 10 juin 1934. En intervertissant les positions de ses deux buteurs, Pozzo réussit à trouver la faille de l'équipe de Tchécoslovaquie, qui s'inclinera sur le score de 2-1.

Pozzo is carried from the pitch after Italy's victory. The game was watched by the Italian dictator Benito Mussolini, who naturally regarded Italy's triumph as a great propaganda coup.

Pozzo wird nach dem Sieg Italiens vom Platz getragen. Das Spiel fand in Anwesenheit des italienischen Diktators Benito Mussolini statt, der Italiens Triumph natürlich als Propaganda-Coup erster Güte betrachtete.

Pozzo est porté en triomphe par ses joueurs après la victoire de l'Italie. Le dictateur italien Benito Mussolini, présent lors de la rencontre, considérait la victoire de l'équipe transalpine comme une remarquable opération de propagande.

Pre-season wash... The Tottenham Hotspur laundress hangs out the players' shirts before the start of a new season, 14 August 1935. It is impossible to believe, however, that the shirts had remained unwashed since the previous April...

Große Wäsche vor der Spielzeit ... Die Wäscherin von Tottenham Hotspur hängt die Trikots der Spieler vor Beginn der neuen Saison zum Trocknen auf, 14. August 1935. Unwahrscheinlich ist allerdings, dass die Hemden seit dem vergangenen April nicht gewaschen wurden ...

14 août 1935 : c'est la grande lessive du début de saison pour la lingère du Tottenham Hotspur, qui fait sécher les maillots des joueurs. On espère que les maillots n'étaient pas restés sales depuis le mois d'avril précédent ...

... post-match soak. Ipswich Town players clean their bodies and coat their lungs after their FA Cup replay with Aston Villa, 1938.

... Einweichen nach dem Spiel. Spieler von Ipswich Town reinigen die Haut und verunreinigen die Lungen nach dem Pokalrückspiel gegen Aston Villa, 1938.

Après le match, cette fois, une couche de crasse en moins et une couche de nicotine supplémentaire pour les joueurs d'Ipswich Town, après leur match de Cup rejoué contre Aston Villa, en 1938.

Tools of the trade. In his shop, Mr Higgins, a former Watford goalkeeper, offers advice and assistance to a young hopeful buying new boots, 23 February 1932. Boots in the Thirties were tough and heavy – like the footballs they kicked.

Arbeitswerkzeug. Mr. Higgins, ehemaliger Torhüter von Watford, berät in seinem Laden einen jungen Hoffnungsträger beim Kauf neuer Fußballstiefel, 23. Februar 1932. Die Fußballstiefel der 30er waren hart und schwer – wie die Fußbälle, die mit ihnen getreten wurden.

Un objet de commerce. 23 février 1932. Dans sa boutique, l'ancien gardien de Watford M. Higgins prodigue ses conseils à un jeune espoir venu acheter de nouvelles chaussures. Les chaussures de l'époque étaient lourdes et dures, comme les ballons auxquels elles étaient destinées.

Maintenance work. Members of the Wolverhampton Wanderers Reserves scrape the mud from their boots after a practice match, 29 April 1939. Reserve team players were often known as 'the stiffs'.

Pflegearbeiten. Mitglieder der Reservemannschaft von Wolverhampton Wanderers kratzen nach einem Trainingsspiel den Schlamm von ihren Schuhen, 29. April 1939. Reservisten hießen häufig auch die „Leichen".

Un peu d'entretien. Des joueurs de l'équipe réserve des Wolverhampton Wanderers nettoient leurs chaussures après un match d'entraînement, le 29 avril 1939. Les joueurs de la réserve se faisaient souvent appeler « les durs ».

Members of the Chelsea squad train at Stamford Bridge. One of Kurt Hutton's photographs for a *Picture Post* story entitled 'Football Kicks Off Again', 26 August 1939. Less than a week later the Second World War began.

Mitglieder der Mannschaft von Chelsea beim Training im Stadion Stamford Bridge. Kurt Hutton machte die Aufnahme für eine Geschichte in der *Picture Post* unter dem Titel „Football Kickers off Again" („Es wird wieder Fußball gespielt"), 26. August 1939. Nicht einmal eine Woche später brach der Zweite Weltkrieg aus.

26 août 1939. Entraînement des joueurs de Chelsea à Stamford Bridge. C'est une des photographies de Kurt Hutton ayant illustré un article paru dans le *Picture Post*, sous le titre « Football kicks off again » (« Le football reprend »). Moins d'une semaine plus tard débutait la Seconde Guerre mondiale.

Sam Weaver leaps into the arms of his Chelsea team-mates in another Hutton photograph from the same session.

Sam Weaver von Chelsea springt in die Arme seiner Mannschaftskameraden – eine weitere Fotografie Huttons bei derselben Gelegenheit.

Une autre photographie de Hutton le même jour, représentant cette fois Sam Weaver chahuté par ses coéquipiers.

Wembley Stadium, 30 April 1938. In injury time, George Mutch (centre, in the white shirt) converts the controversial penalty that gave Preston North End a 1-0 victory over Huddersfield Town. The ball has just rebounded off the crossbar and into the net.

Wembleystadion, 30. April 1938. In der Nachspielzeit verwandelt George Mutch (Mitte, im weißen Hemd) den umstrittenen Elfmeter, der Preston North End einen 1:0-Sieg über Huddersfield Town bescherte. Der Ball landet nach einem Abpraller von der Querlatte im Netz.

Stade de Wembley, le 30 avril 1938. Durant les arrêts de jeu, George Mutch (en maillot blanc, au centre) convertit un penalty controversé qui donne la victoire à Preston North End face à Huddersfield Town sur le score de 1-0. La balle entre dans les filets après avoir heurté la barre transversale.

Vic Woodley, the Chelsea and England goalkeeper, stretches his muscles during a training session, 15 April 1937. Woodley played in nineteen internationals for England before the Second World War.

Vic Woodley, Torhüter für Chelsea und England, macht Streckübungen beim Training am 15. April 1937. Woodley absolvierte vor dem Zweiten Weltkrieg 19 Länderspiele für England.

15 avril 1937. Une séance d'étirement à l'entraînement pour Vic Woodley, gardien de Chelsea et de l'équipe d'Angleterre. Woodley a disputé 19 rencontres internationales sous le maillot de l'équipe d'Angleterre, avant la Seconde Guerre mondiale.

The German national team line up at Tottenham's White Hart Lane for an international match against England, 4 December 1935. England won 3-0. Three years later, few press reporters saw anything amiss as an England team gave the Fascist salute in Berlin.

Die deutsche Nationalmannschaft steht stramm in Tottenhams Stadion an der White Hart Lane vor dem Länderspiel gegen England am 4. Dezember 1935. England gewann 3:0. Drei Jahre später hatten wenige Pressereporter etwas daran auszusetzen, dass eine englische Mannschaft in Berlin den Hitlergruß entbot.

L'équipe nationale d'Allemagne au White Hart Lane de Tottenham pour une rencontre internationale face à l'Angleterre, le 4 décembre 1935, remportée 3-0 par l'Angleterre. Trois ans plus tard, à Berlin, peu de journalistes trouvèrent à redire au salut fasciste effectué cette fois-ci par une sélection d'Angleterre.

(Left) Members of the Czech squad on parade during training at White Hart Lane, 30 November 1937. The next day they lost 5-4 to England. (Above) Heinrich Vogel, captain of Germany (holding the football), and a group of German students, Wembley, 6 January 1937.

(Links) Mitglieder der tschechischen Mannschaft posieren während des Trainings in der White Hart Lane, 30. November 1937. Am nächsten Tag verloren sie 4:5 gegen England. (Oben) Heinrich Vogel, Spielführer der deutschen Mannschaft (mit Ball) und eine Gruppe deutscher Studenten, Wembley, 6. Januar 1937.

(À gauche) Les joueurs de l'équipe de tchèque posent lors d'un entraînement à White Hart Lane, le 30 novembre 1937. Ils devaient s'incliner le lendemain face à l'Angleterre sur le score de 5-4. (Ci-dessus) Heinrich Vogel (qui tient le ballon), le capitaine de la sélection allemande, en compagnie d'un groupe d'étudiants allemands à Wembley, le 6 janvier 1937.

Alfredo Foni of Italy rises to meet the ball during the 1938 World Cup Final, Paris, 19 June 1938. The Italians won a tough game against Hungary 4-2. Twelve bitter years were to pass before the World Cup was staged again.

Alfredo Foni, Italien, springt im Endspiel der Weltmeisterschaft 1938 dem Ball entgegen, Paris, 19. Juni 1938. Italien gewann ein schweres Spiel gegen Ungarn 4:2. Zwölf bittere Jahre sollten vergehen, bis wieder eine Weltmeisterschaft abgehalten wurde.

L'Italien Alfredo Foni s'élève pour atteindre ce ballon, durant la finale de la Coupe du monde disputée à Paris le 19 juin 1938. Les Italiens finirent par l'emporter (4-2) face à la Hongrie au terme d'un match difficile. Douze longues et pénibles années devaient s'écouler avant l'organisation de la Coupe du monde suivante.

The Italian 1938 World Cup team pose for the cameras with their famous manager Vittorio Pozzo after their victory over Hungary in the final. They had already won the 1934 World Cup and the 1936 Olympic finals.

Die italienische Weltmeisterschaftsmannschaft von 1938 posiert für die Kamera nach ihrem Finalsieg über Ungarn mit ihrem berühmten Trainer Vittorio Pozzo. Italien hatte bereits die Weltmeisterschaft 1934 und das olympische Finale 1936 gewonnen.

Après sa victoire face à la Hongrie en finale, l'équipe italienne remporte la Coupe du monde en 1938 et pose pour la postérité avec son célèbre entraîneur, Vittorio Pozzo. L'Italie avait déjà remporté l'édition précédente (1934) et s'était adjugé le titre olympique en 1936.

4. Old hostilities renewed
Alte Feindschaften leben auf
La reprise des hostilités

'An Afternoon Off from the War' – Bert Hardy's photograph of part of the crowd at Stamford Bridge, London, watching a match between two Poles, three Czechs, two Belgians, two Dutch, and two Norwegians against a British army team, 29 March 1941.

„Ein kriegsfreier Nachmittag" – Bert Hardys Aufnahme eines Teils des Publikums, Stamford Bridge, London, beim Spiel von zwei Polen, drei Tschechen, zwei Belgiern, zwei Holländern und zwei Norwegern gegen eine britische Armeemannschaft am 29. März 1941.

« Un après-midi pour oublier la guerre », le 29 mars 1941. Bert Hardy photographie le public de Stamford Bridge, à Londres, lors d'une rencontre opposant une équipe constituée de deux Polonais, trois Tchèques, deux Belges, deux Hollandais et deux Norvégiens à une équipe de l'armée britannique.

Although press and politicians agreed that football's 'continuance was undesired and inappropriate' during hostilities, the game did not disappear during the Second World War. It was played at home and in the most unlikely places – in aircraft hangars, on the decks of warships, behind battle lines and, especially, in POW camps. Stalag Luft I in Germany boasted sixty teams of prisoners, organised into five separate leagues. Stalag Luft VIIB had fifty teams and a Cup competition with two barrels of beer going to the winners. Retreating British troops found time to play a French International XI at Dunkirk in 1940. Yugoslav partisans beat an Allied team, to the annoyance of Allied High Command, who felt the locals should be kept in their place. A game between soldiers on a D-Day beach was abandoned when one of the goal areas was discovered to be mined.

But top-class football languished in Europe. The press took little interest in the wartime game. Hundreds of professional footballers from many nations were killed. Many famous grounds were severely damaged by bombing. When near normal service was resumed in 1946, however, the old hunger for the game returned, and huge crowds once again clicked through the turnstiles. After six long years, it was 'pleasure as usual'.

Obwohl Presse und Politiker sich darin einig waren, dass eine Fortsetzung des Fußballbetriebs während der Feindseligkeiten „unerwünscht und unpassend" sei, verschwand das Spiel während des Zweiten Weltkriegs nicht ganz. Es wurde zu Hause gespielt und an den unwahrscheinlichsten Orten – in Flugzeughangars, auf den Decks von Kriegsschiffen, hinter der Front und ganz besonders in Kriegsgefangenenlagern. Stalag Luft I in Deutschland konnte sich rühmen, über 60 Gefangenenmannschaften zu verfügen, die in fünf verschiedenen Ligen spielten. Stalag Luft VII B hatte 50 Mannschaften und einen Pokalwettbewerb, bei dem den Gewinnern zwei Fass Bier winkten. Britische Truppen auf dem Rückzug fanden 1940 Zeit, in Dünkirchen gegen eine französische internationale Elf zu spielen. Jugoslawische Partisanen schlugen ein alliiertes Team, sehr zum Ärger des Alliierten Oberkommandos, wo man der Auffassung war, die Einheimischen sollten nicht gar zu übermütig werden. Ein Spiel von Soldaten am Strand nach Landung der Alliierten in der Normandie wurde abgebrochen, als man feststellte, dass einer der Strafräume vermint war.

Aber der hochklassige Fußball in Europa lag darnieder. Die Presse nahm wenig Notiz von Spielen zu Kriegszeiten. Hunderte von Berufsfußballspielern vieler Nationen fielen. Viele berühmte Stadien wurden durch Bombenangriffe verwüstet. Als 1946 ein annähernd regulärer Spielbetrieb wieder aufgenommen wurde, kehrte der alte Appetit auf das Spiel jedoch zurück, und wieder einmal schoben sich riesige Menschenmengen durch die Drehkreuze. Nach sechs langen Jahren hieß es „Spiel und Spaß wie gewohnt".

Les responsables politiques ainsi que les journalistes estimaient de concert que, durant les hostilités, il n'était « ni souhaitable ni judicieux que les rencontres se poursuivent », mais cela ne suffit pas à empêcher toutes les rencontres durant la Seconde Guerre mondiale. On jouait donc, chez soi ou dans les endroits les plus inattendus, sous les hangars des avions, sur les ponts des bateaux, en retrait des lignes de bataille et, surtout, dans les camps de prisonniers de guerre. En Allemagne, le stalag Luft I se vantait de posséder 60 équipes de prisonniers et d'organiser cinq championnats distincts. Le stalag Luft VIIB comptait pour sa part cinquante équipes engagées dans une compétition de coupe, l'équipe victorieuse remportant deux tonneaux de bière. Lors de leur retraite, en 1940, les troupes britanniques trouvèrent le temps de rencontrer une sélection française à Dunkerque. De leur côté, les partisans yougoslaves l'emportèrent face à une sélection alliée, au grand dam du Haut Commandement qui estimait que la hiérarchie aurait dû être respectée. Un match improvisé sur une des plages du débarquement dut être interrompu, lorsque l'on se rendit compte que l'un des buts était miné.

Malgré ces initiatives, l'élite du football devait se contenter de vivoter en Europe. En ces temps troublés, la presse faisait peu de cas des rencontres et, de plus, la guerre avait décimé les rangs des footballeurs professionnels de tous pays, dont les décès se comptaient par centaines. Enfin, de nombreux terrains parmi les plus célèbres avaient été gravement endommagés par les bombardements. Pourtant, lorsque la situation revint à peu près à la normale en 1946, la fièvre du football s'empara de plus belle du public et des foules considérables se pressaient de nouveau à l'entrée des stades. Après six longues années d'abstinence, le plaisir du jeu reprenait ses droits.

Disabled veterans of the First World War ('The War to End All Wars') have a better vantage point than other spectators for a match at Stamford Bridge on 29 March 1941. During the war, professional footballers could turn out for any team near where they were stationed.

Kriegsversehrte des Ersten Weltkriegs (des Krieges, der „das Ende aller Kriege" bedeuten sollte) beobachten dasselbe Spiel im Stadion an der Stamford Bridge, 29. März 1941, aus einer besseren Perspektive. Während des Kriegs konnten Berufsfußballspieler für jede Mannschaft auflaufen, in deren Nähe sie stationiert waren.

Des vétérans handicapés de la Première Guerre mondiale (« La der des ders ») ont trouvé une meilleure place que d'autres pour suivre la rencontre à Stamford Bridge, le 29 mars 1941. Pendant la guerre, les joueurs professionnels pouvaient intégrer n'importe quelle équipe proche de leur lieu d'affectation.

Wounded veterans of the Second World War in a scratch game on the lawns of Buckingham Palace, London, during a garden party held in their honour, 29 August 1946.

Verwundete des Zweiten Weltkriegs bei einem improvisierten Spiel auf dem Rasen des Buckingham Palace, London, während eines ihnen zu Ehren veranstalteten Gartenfestes, 29. August 1946.

29 août 1946. Des vétérans de la Seconde Guerre mondiale improvisent une rencontre sur les pelouses de Buckingham Palace, à Londres, où était donnée une fête en leur honneur.

After the final whistle... Maurice Edelston of Reading (later to become a sports commentator) rests his weary limbs in the changing room, 7 October 1944.

Nach dem Schlusspfiff ... Maurice Edelston, Spieler von Reading (und künftiger Sportkommentator) gönnt sich eine Erholungspause in der Umkleidekabine, 7. Oktober 1944.

Après le coup de sifflet final ... Maurice Edelston de l'équipe de Reading (qui devint commentateur sportif par la suite) s'accorde un moment de repos dans les vestiaires, le 7 octobre 1944.

... before the kick-off. Kurt Hutton's picture of Everton players preparing for a match at Roker Park against Newcastle United, 17 November 1945. They had travelled overnight by coach, with little sleep. Perhaps not surprisingly, Everton lost 2-1.

... vor dem Anstoß. Kurt Huttons Aufnahme von Everton-Spielern, die sich auf ein Spiel im Roker Park gegen Newcastle United vorbereiten, 17. November 1945. Sie waren über Nacht mit dem Bus angereist und hatten wenig geschlafen. Kaum überraschend, dass Everton 1:2 verlor.

... avant la rencontre. Une photographie de Kurt Hutton représentant des joueurs d'Everton juste avant un match contre Newcastle United au Roker Park, le 17 novembre 1945. Les joueurs ont peu dormi, après une nuit passée dans l'autobus. On ne sera peut-être pas surpris d'apprendre qu'Everton perdit cette rencontre par 2-1.

A dazzling talent gets ready to play: Stanley Matthews in Royal Air Force strip, March 1943.

Ein Riesentalent macht sich spielfertig. Stanley Matthews im Trikot der Royal Air Force, März 1943.

On n'oubliera pas le talent époustouflant de Stanley Matthews qui, arborant ici une chemise de la Royal Air Force, se prépare à disputer un match, au mois de mars 1943.

Stanley Matthews (left) and Ron Burgess compete for possession in the FA Cup semi-final between Blackpool and Spurs at Villa Park, 13 March 1948. Blackpool won, but Matthews was denied a winner's medal in the Final when Manchester United beat Blackpool 4-2.

Stanley Matthews (links) und Ron Burgess kämpfen um den Ball, Pokalhalbfinale zwischen Blackpool und den Spurs im Villa Park, 13. März 1948. Blackpool gewann, aber der Pokal entging Matthews im Finale, in dem Blackpool Manchester United 2:4 unterlag.

Stanley Matthews (à gauche) et Ron Burgess se disputent le ballon lors d'une demi-finale de Cup entre Blackpool et les Spurs au Villa Park, le 13 mars 1948. Blackpool l'emporta mais Matthews fut privé de la médaille de la victoire en finale, Manchester United s'adjugeant la Cup face à Blackpool sur le score de 4 buts à 2.

The Moscow Dynamos take the field in front of the biggest ever crowd at Stamford Bridge (85,000), 13 November 1945. 'MOSCOW THUNDERBOLTS SPLIT SIX WITH CHELSEA – SPEED THAT STAGGERED THE FANS', reported the *Daily Herald* next day.

Dynamo Moskau betritt den Platz vor einem Rekordpublikum von 85 000, Stamford Bridge, 13. November 1945. „MOSKAUER BLITZ- UND DONNERMANNSCHAFT TEILT SICH SECHS TREFFER MIT CHELSEA – TEMPO NAHM DEN FANS DEN ATEM", berichtete der *Daily Herald* am nächsten Tag.

Les joueurs du Dynamo de Moscou entrent sur le terrain de Stamford Bridge qui connut ce 13 novembre 1945 une affluence record de 85 000 spectateurs. Le *Daily Herald* titrait le lendemain : « LA FOUDRE MOSCOVITE SE PARTAGE SIX BUTS AVEC CHELSEA – LE PUBLIC STUPÉFAIT PAR LA RAPIDITÉ DE LEUR JEU. »

Part of the crowd at Stamford Bridge that day. The tour by the Dynamos was an enormous success. They thrashed Cardiff City 10-1 and drew 2-2 with Glasgow Rangers. The Communist *Daily Worker* was delighted.

Ein Teil des Publikums an der Stamford Bridge an jenem Tag. Die Tour von Dynamo war ein rauschender Erfolg. Sie schlugen Cardiff City vernichtend mit 10:1 und spielten 2:2 gegen die Glasgow Rangers. Der kommunistische *Daily Worker* war entzückt.

Une partie du public de Stamford Bridge, ce même jour. La tournée des moscovites rencontra un succès énorme. Ils infligèrent une véritable correction (10-1) à l'équipe de Cardiff City et réalisèrent un match nul (2-2) face aux Glasgow Rangers. Le journal communiste *Daily Worker* avait de quoi pavoiser.

Old fans ... a long-time supporter of Wolverhampton Wanderers makes sure his lungs are sound before urging his team on to victory in an FA Cup tie, 26 March 1949.

Alte Fans ... Ein langjähriger Anhänger der Wolverhampton Wanderers überprüft, ob seine Lungen in Ordnung sind, bevor er seine Mannschaft zum Sieg in einer Pokalbegegnung vom 26. März 1949 treibt.

Des supporters de longue date ... Un supporter de la première heure des Wolverhampton Wanderers vérifie l'état de ses poumons avant de pousser son équipe à la victoire lors d'un match de Cup, le 26 mars 1949.

... young fans. Youthful supporters are passed to the front over the heads of the crowd at Stamford Bridge before a local derby between Chelsea and Arsenal, 1 November 1947.

... junge Fans. Jugendliche Anhänger werden über die Köpfe der Menge nach vorn durchgereicht, Stamford Bridge, vor dem Lokalderby zwischen Chelsea und Arsenal, 1. November 1947.

... et de plus jeune. Un jeune supporter transporté au-dessus de la foule de Stamford Bridge avant un derby local entre Chelsea et Arsenal, le 1er novembre 1947.

Loyalty and patience reap their just reward. Aston Villa fans D Holmes (left) and David Jones leave Villa Park with FA Cup tie tickets, after queueing for fourteen hours.

Verdienter Lohn für Loyalität und Geduld. Die Aston Villa-Fans D. Holmes (links) und David Jones verlassen Villa Park mit Karten für ein Pokalspiel, für die sie vierzehn Stunden lang angestanden haben.

La fidélité et la patience sont justement récompensées ; après quatorze heures d'attente, D. Holmes (à gauche) et David Jones, supporters d'Aston Villa, quittent Villa Park avec leur billet en poche pour une rencontre de Cup.

The old enemies. England v. Scotland, Wembley Stadium, 12 April 1947. The game ended in a 1-1 draw. The football season still had another two months to run in Britain, for the winter of 1947 had been one of the worst on record.

Die Erzfeinde. England gegen Schottland, Wembley Stadion, 12. April 1947. Das Spiel endete 1:1 unentschieden. Die Saison lief in Großbritannien noch zwei Monate weiter, denn der Winter 1947 war einer der strengsten aller Zeiten.

12 avril 1947. Le stade de Wembley se prépare à accueillir une rencontre entre deux vieux ennemis : l'Angleterre et l'Écosse. La partie s'est soldée par un match nul (1-1). Exceptionnellement, cette saison de football ne devait s'achever que deux mois plus tard, des records de froid ayant été enregistrés durant l'hiver 1947.

Scotland the brave ... a London policeman helps Scottish captain George Young from the pitch as delighted fans gather to celebrate Scotland's 3-1 victory over one of the best England teams, Wembley, 9 April 1949.

Oh, tapferes Schottland ... ein Londoner Polizist hilft dem schottischen Kapitän George Young vom Platz, als sich begeisterte Fans versammeln, um Schottlands 3:1-Sieg über eine der besten englischen Mannschaften am 9. April 1949 in Wembley zu feiern.

Courageuse Écosse ... Un policier protège la sortie du capitaine écossais George Young, réclamé par des supporters enthousiastes après la victoire de l'Écosse (3-1) sur l'une des meilleures équipes d'Angleterre de tous les temps le 9 avril 1949.

Indian footballers in training for the first post-war Olympic Games, August 1948. Note the ankle supports the players are wearing instead of boots.

Indische Fußballer beim Training für die ersten olympischen Spiele der Nachkriegszeit, August 1948. Man beachte die Stützverbände an den Fußgelenken, die die Spieler statt Fußballstiefeln tragen.

Les footballeurs indiens à l'entraînement lors des premiers Jeux Olympiques de l'après-guerre. On remarquera que les joueurs ne portent pas de chaussures mais de simples protections des chevilles.

The presentation ceremony at the end of the football competition in the Olympic Games in London, 13 August 1948. Sweden won gold, beating Yugoslavia 3-1 in the final. Gren and Nordahl, scorers of Sweden's goals, later joined AC Milan. The bronze medal went to Denmark.

Siegerehrung nach dem Fußballturnier bei den Olympischen Spielen in London, 13. August 1948. Schweden gewann Gold mit einem 3:1-Endspielsieg über Jugoslawien. Gren und Nordahl, die schwedischen Torschützen, wechselten später zum AC Mailand. Bronze ging an Dänemark.

Le 13 août 1948, la cérémonie de remise des médailles vient clore l'épreuve de football des Jeux Olympiques de Londres. La Suède s'adjugeait l'or en battant la Yougoslavie 3-1 en finale. Gren et Nordahl, les buteurs pour la Suède, rejoignirent par la suite les rangs de l'AC Milan. Le Danemark, pour sa part, remportait le bronze.

Italian League football, 1940s style. Centre-half Carlo Parola (right) and his Juventus team-mate, Piccinina, hover on the edge of a goalmouth scramble, 3 December 1949.

Italienischer Ligafußball im Stil der vierziger Jahre. Vorstopper Carlo Parola (rechts) und sein Mannschaftskamerad Piccinina von Juventus Turin lauern am Rand einer Torraumaktion, 3. Dezember 1949.

3 décembre 1949. Une image du championnat italien, dans le plus pur style des années quarane. Le demi-centre Carlo Parola (à droite) de la Juventus et son coéquipier Piccinina sont bien près de marquer un but sur cette action.

Switzerland's Correodi punches the ball away to end an England attack, Highbury, 2 December 1948. The strong and talented England team won 6-0.

Der Schweizer Correodi klärt mit Faustabwehr bei einem Angriff Englands, Highbury, 2. Dezember 1948. Eine starke und begabte englische Nationalmannschaft gewann 6:0.

Le Suisse Correodi dégage ce ballon du poing et repousse l'attaque anglaise (Highbury, 2 décembre 1948). La talentueuse équipe d'Angleterre remporta pourtant ce match, sur le score sans appel de 6-0.

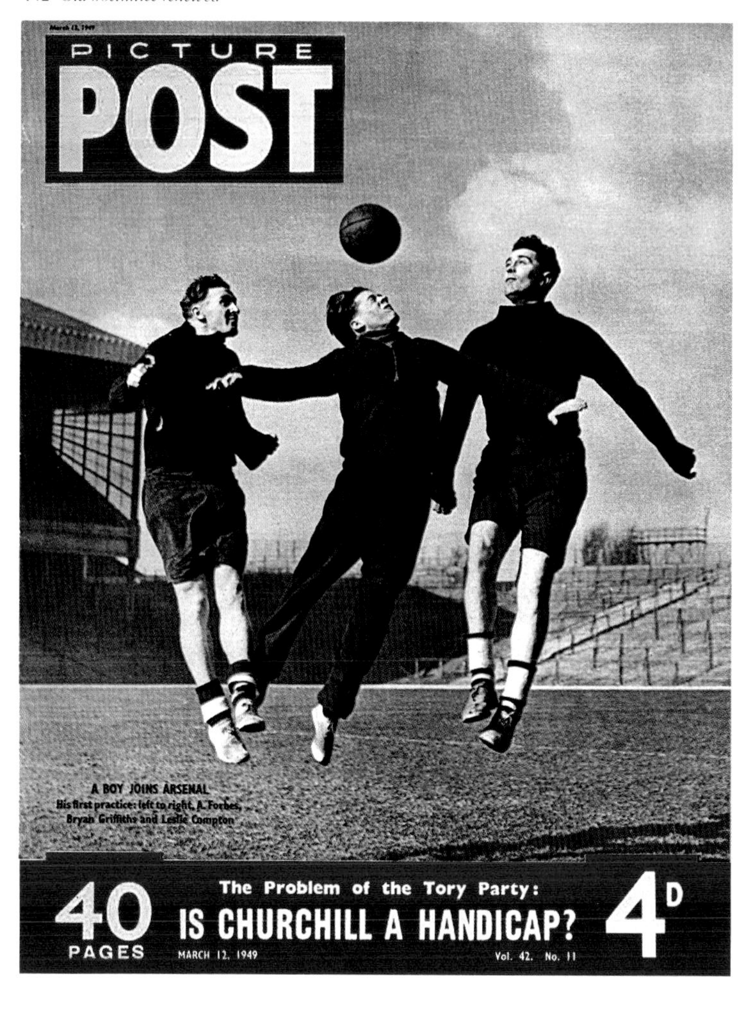

The dream of the ground staff... *Picture Post* cover, 12 March 1949. The three Arsenal footballers are (left to right) Alex Forbes, Bryan Griffiths and Leslie Compton. Seventeen-year-old Griffiths had just been taken on as a trainee.

Der Traum des Bodenpersonals ... Cover der *Picture Post*, 12. März 1949. Die drei Arsenal-Spieler sind (von links nach rechts) Alex Forbes, Bryan Griffiths, Leslie Compton. Der siebzehnjährige Griffiths war erst kürzlich als Nachwuchsspieler angenommen worden.

Un rêve pour les ramasseurs de ballon ... En couverture de *Picture Post*, le 12 mars 1949, les trois joueurs d'Arsenal sont (de gauche à droite) Alex Forbes, Bryan Griffiths et Leslie Compton. Griffiths, âgé de 17 ans, venait tout juste d'être pris en tant que stagiaire.

... the cold and often harsh reality. A programme seller at Chelsea's Stamford Bridge ground, February 1949.

... die kalte und oftmals herbe Wirklichkeit. Ein Programmheftverkäufer auf dem Platz von Chelsea an der Stamford Bridge, Februar 1949.

... mais la réalité est souvent plus crue. Sur cette photo, un vendeur de programmes au Stamford Bridge de Chelsea, en février 1949.

5. European competitions Europäische Wettbewerbe Les compétitions européennes

Angel Lebrune of Argentina (left) and Georg Stollenwerk of West Germany battle for possession during their World Cup match in Malmö, Sweden, 9 June 1958. West Germany won 3-1.

Angel Lebrune, Argentinien (links), und Georg Stollenwerk, Bundesrepublik Deutschland, im Kampf um den Ball beim Weltmeisterschaftsspiel in Malmö, Schweden, am 9. Juni 1958. Deutschland gewann 3:1.

L'Argentin Angel Lebrune (à gauche) à la lutte avec Georg Stollenwerk (Allemagne de l'Ouest) pour la possession de la balle lors d'une rencontre de Coupe du monde à Malmö (Suède) le 9 juin 1958. L'Allemagne de l'Ouest l'emporta par 3 buts à 1.

It was a decade of innovations. Floodlit football made its debut in 1951, though the English FA banned its use for a further four years. Everton spent £70,000 (unsuccessfully) on undersoil heating in 1959. The English FA Cup Final was televised live for the first time in 1953, attracting a viewing audience of twelve million. Huge transfer fees hit the headlines in 1957, when John Charles of Leeds United was sold to Juventus for a record £70,000. The biggest changes came in club football. European teams began to travel. By the mid-1950s, Spartak Moscow, Honved, Inter Milan, First Vienna and many more had taken on top clubs in other countries. In 1954 *L'Equipe* had the idea of a European Cup competition between the champions of the various European leagues. As with the World Cup in the 1930s, the English FA refused to take part, but the competition was an immediate success. Two years later UEFA organised the Inter-Cities Fairs' Cup, for teams from cities that staged industrial or trade fairs. In the first final in 1958, Barcelona beat London 8-2 on aggregate over two games.

The national side of the 1950s was Brazil, runners-up in 1950, losing quarter-finalists in 1954, but triumphant winners in 1958. The club side of the 1950s was Real Madrid, who won the European Cup five years in a row.

Es war ein Jahrzehnt der Neuerungen. Fußball unter Flutlicht wurde erstmals 1951 gespielt, wenn auch der englische Fußballverband ihn weitere vier Jahre lang verbot. Everton gab 1959 (ohne Erfolg) 70 000 £ für eine Rasenheizung aus. Das englische Pokalfinale wurde erstmals 1953 im Fernsehen live übertragen und erreichte zwölf Millionen Zuschauer. Hohe Transfersummen machten 1957 Schlagzeilen, als John Charles von Leeds United an Juventus Turin für die Rekordsumme von 70 000 £ verkauft wurde. Die größten Veränderungen gab es im Vereinsfußball. Europäische Mannschaften begannen zu reisen. Bis Mitte der 50er Jahre war es üblich geworden, dass Spartak Moskau, Honved Budapest, Inter Mailand, First Vienna FC und viele andere gegen Spitzenmannschaften anderer Länder spielten. Im Jahr 1954 kam *L'Équipe* auf die Idee, man könne doch einen europaweiten Pokalwettbewerb unter den Meistern der verschiedenen europäischen Ligen austragen. Wie bei der Weltmeisterschaft in den 30er Jahren verweigerte der englische Fußballverband die Teilnahme, aber der Wettbewerb war von Anfang an ein großer Erfolg. Zwei Jahre später organisierte die UEFA den Messepokal für Mannschaften aus Städten, in denen Industrie- oder Handelsmessen stattfanden. Beim ersten Finale 1958 schlug Barcelona London 8:2, Hin- und Rückspiel zusammen genommen.

Die Nationalmannschaft der 50er Jahre war Brasilien, Vizeweltmeister 1950, Verlierer im Viertelfinale 1954, aber triumphaler Gewinner 1958. Die Vereinsmannschaft der 50er hieß Real Madrid, die den Europapokal fünf Jahre in Folge gewannen.

Durant les années cinquante, de nombreuses innovations virent le jour. L'éclairage artificiel fit ses premières apparitions dès 1951 bien que la Fédération Anglaise n'en ait autorisé l'usage que quatre ans plus tard. En 1959, Everton dépensa, en pure perte, près de 70 000 £ pour installer un système de chauffage de la pelouse. En 1953 qu'eut lieu la première retransmission télévisée en direct d'une finale de Cup, suivie par 12 millions de télé-spectateurs. Les transferts atteignirent également des niveaux records avec, en 1957, le départ de John Charles de Leeds United, vendu à la Juventus pour un montant sans précédent de 70 000 £. Ce sont les clubs qui connurent les plus gros changements et les équipes européennes se mirent à voyager. Dès le milieu des années 50, des équipes comme le Spartak de Moscou, Honved, l'Inter de Milan, le First Vienna et bien d'autres s'étaient déjà mesurées aux meilleurs clubs d'autres pays. En 1954, le journal *L'Équipe* lança l'idée d'une Coupe d'Europe qui opposerait les clubs champions dans leur pays respectifs. À l'instar de la Coupe du monde dans les années 30, l'Angleterre refusa d'y prendre part mais cela n'empêcha pas la compétition de connaître un succès foudroyant. Deux ans plus tard, l'UEFA organisait la Coupe des villes de foire, réunissant les villes organisatrices de mani-festations dans les secteurs du commerce et de l'industrie. La première finale, qui eut lieu en 1958, opposait Barcelone à Londres et fut remportée par la ville catalane sur le score de huit buts à deux pour l'ensemble des deux rencontres.

L'équipe nationale de la décennie fut le Brésil, vice-champion malheureux en 1950, perdant en quart de finale en 1954 pour finalement triompher en 1958. Pour cette même période, parmi les clubs, le Real de Madrid régnait en maître incontesté et s'adjugeait la Coupe d'Europe cinq ans de suite.

Mixed fortunes. Butler, Portsmouth's goalkeeper, and McDonald, Fulham's centre-forward, collide in a First Division game at Craven Cottage, London, October 1951. At the end of the season Portsmouth finished fourth in the League, but Fulham were relegated.

Ungleiches Geschick. Butler, Torhüter von Portsmouth, und McDonald, Mittelstürmer von Fulham, kollidieren in einem Erstligaspiel in Craven Cottage, London, Oktober 1951. Am Ende der Spielzeit belegte Portsmouth den vierten Platz, aber Fulham stieg ab.

À la croisée des chemins, Butler, le gardien de Portsmouth se heurte à McDonald, l'avant-centre de Fulham, lors d'une rencontre de Première division au Craven cottage de Londres. Portsmouth termina le championnat en quatrième position et Fulham ne put éviter la relégation.

'Never mind the ball, play the man!' Gerry Hitchens of Cardiff City delivers a kick in the teeth to Charlton Athletic's goalkeeper, Frank Reed, The Valley, 21 April 1956.

„Vergiss den Ball, spiel den Mann!“ Gerry Hitchens von Cardiff City verpasst dem Torhüter von Charlton Athletics, Frank Reed, einen Tritt ins Gesicht, The Valley, 21. April 1956.

« Occupe-toi du bonhomme, pas du ballon ! » Un conseil suivi à la lettre par le joueur de Cardiff City, Gerry Hitchens, qui envoie un direct du pied droit au menton de Frank Reed, le gardien de Charlton Athletic, The Valley, 21 avril 1956.

The tough professional. Alf Ramsey of Tottenham Hotspur (later England's manager) in action against Arsenal at White Hart Lane, 12 October 1953.

Hartgesottener Profi. Alf Ramsey von Tottenham Hotspur (später englischer Nationaltrainer) in Aktion gegen Arsenal an der White Hart Lane, 12. Oktober 1953.

Un vrai professionnel ... Alf Ramsey, du Tottenham Hotspur (et qui deviendra plus tard l'entraîneur de l'équipe d'Angleterre), en pleine action face à Arsenal à White Hart Lane, le 12 octobre 1953.

The worthy amateur. Barnet's goalkeeper, Goymer, makes a blind save in the FA Amateur Cup Final, Wembley, 21 April 1959.

Verdienter Amateur. Barnets Torhüter Goymer pariert blind im FA-Pokalfinale der Amateure, Wembley, 21. April 1959.

... et un amateur plein de mérite. Goymer, le gardien de Barnet, effectue un sauvetage à l'aveuglette lors de la finale de Coupe des clubs amateurs à Wembley, le 21 avril 1959.

Doug Lishman of Arsenal rises above the Newcastle captain, Joe Harvey, in the FA Cup Final at Wembley, 3 May 1952. Arsenal lost 1-0, with four of their players injured, including Lishman himself. At that time substitutes were not permitted.

Doug Lishman von Arsenal steigt höher als Joe Harvey, Kapitän von Newcastle, im Pokalfinale, Wembley, 3. Mai 1952. Arsenal verlor 0:1, mit vier verletzten Spielern, darunter auch Lishman. Zu jener Zeit durften noch keine Ersatzspieler eingewechselt werden.

Doug Lishman (Arsenal) bondit plus haut que Joe Harvey, le capitaine de Newcastle, lors de la finale de la Cup disputée à Wembley le 3 mai 1952. Arsenal, qui s'inclina sur le score de 1-0, ne compta pas moins de quatre blessés dans ses rangs, dont Lishman. Les remplacements n'étaient pas encore autorisés à cette époque.

Yawning, yawning Arsenal – a supporter's view during a friendly between Arsenal and Glasgow Rangers, Highbury, 1 December 1951. The Arsenal Supporters Club had been started two years earlier by four boys. Its membership had reached 13,000.

Arsenal zum Gähnen – Meinungsäußerung eines Anhängers während eines Freundschaftsspiels zwischen Arsenal und Glasgow Rangers, Highbury, 1. Dezember 1951. Der Arsenal-Fanklub war zwei Jahre zuvor von vier Jungen gegründet worden. Inzwischen zählte er 13 000 Mitglieder.

Les supporters baillent aux corneilles… Pas vraiment passionnant, pour ce supporter, le match amical entre Arsenal et les Glasgow Rangers joué à Highbury, le 1er décembre 1951. Le club des supporters, créé deux ans plus tôt par quatre inconditionnels, comptait alors 13 000 membres.

(Right) 'Water water every where...' (Coleridge). Ground staff struggle to clear the waterlogged pitch at White Hart Lane, 13 January 1954. The FA Cup third round replay between Spurs and Leeds United eventually got under way. (Above) 'Water cools not love...' (Shakespeare). Fans struggle to keep dry during the FA Cup Final between Arsenal and Liverpool, Wembley, 25 April 1950.

(Rechts) „Wasser, Wasser überall ..." (Coleridge). Platzhelfer bemühen sich, den Platz an der White Hart Lane am 13. Januar 1954 trocken zu legen. Das Drittrunden-Pokalrückspiel zwischen den Spurs und Leeds United konnte schließlich angepfiffen werden. (Oben) „Wasser kühlen die Liebe nicht..." (Shakespeare). Fans beim Pokalfinale zwischen Arsenal und Liverpool versuchen, trocken zu bleiben, Wembley, 25. April 1950.

(À droite) « Que d'eau ! Que d'eau ! » (Coleridge) Le personnel d'entretien se met en quatre pour évacuer l'eau dont la pelouse de White Hart Lane est gorgée (13 janvier 1954). Ce match rejoué, comptant pour un troisième tour de la Cup et opposant les Spurs à Leeds United put finalement avoir lieu. (Ci-dessus) « L'eau rafraîchit, pas l'amour... » (Shakespeare). Les supporters s'efforcent de se protéger des trombes d'eau qui s'abattent sur eux lors de cette finale de Cup entre Arsenal et Liverpool, disputée à Wembley, le 25 avril 1950.

Standard measure. Officials at the Wankdorf Stadium, Berne, investigate the ground's capacity before Switzerland host the World Cup, 20 May 1954. The answer is 40,000, but a larger sample might have speeded up the process.

Standardmaß. Funktionäre im Wankdorf-Stadion in Bern ermitteln vor Ausrichtung der Weltmeisterschaft durch die Schweiz das Fassungsvermögen des Stadions, 20. Mai 1954. Die Antwort lautete 40 000, aber eine größere Stichprobe hätte das Verfahren bestimmt beschleunigt.

Conforme aux normes ? Le 20 mai 1954, des officiels au Stade de Wankdorf de Berne évaluent la capacité d'accueil du stade, la Suisse étant le pays organisateur de la Coupe du monde. Il fut établi que le stade pouvait contenir 40 000 spectateurs mais peut-être serait-on parvenu plus vite à ce résultat avec un échantillon plus conséquent.

Hats off for Arsenal. A section of the crowd watching the Gunners play Glasgow Rangers in the floodlit friendly, Highbury, 1 December 1951. After the Second World War, crowds no longer regarded headgear as obligatory.

Hut ab für Arsenal. Ausschnitt aus dem Publikum bei einem Freundschaftsspiel der Gunners gegen Glasgow Rangers unter Flutlicht, Highbury, 1. Dezember 1951. Nach dem Zweiten Weltkrieg sah das Publikum Kopfbedeckungen nicht mehr als obligatorisch an.

Chapeau bas pour Arsenal. Une partie du public assistant à la rencontre entre les Gunners et les Glasgow Rangers, tête nue sous la lumière des projecteurs de Highbury, le 1er décembre 1951. Après la Seconde Guerre mondiale, l'usage de couvre-chefs tomba quelque peu en désuétude.

Fruits of victory. Fritz Walter of West Germany with the World Cup (Jules Rimet Cup), July 1954. Germany beat Hungary 3-2 in the Final in Berne.

Früchte des Siegs. Fritz Walter, Deutschland, mit dem Jules-Rimet-Pokal, Juli 1954. Die Bundesrepublik Deutschland schlug Ungarn 3:2 im Weltmeisterschafts-finale in Bern.

L'heure de la récompense pour Fritz Walter (Allemagne de l'Ouest) avec cette Coupe Jules Rimet remportée en juillet 1954 grâce à la victoire acquise aux dépens de la Hongrie en finale à Berne, sur le score de 3-2.

Max Morlock scores West Germany's first goal in the 1954 World Cup Final. Hungary had already scored twice, but Helmut Rahn later equalised for Germany and then hit the winner seven minutes from time. This was the only match Hungary lost between 1950 and 1956.

Max Morlock erzielt im Weltmeisterschaftsendspiel von 1954 das erste Tor für die Bundesrepublik. Ungarn hatte bereits zweimal getroffen, aber Helmut Rahn glich für die Deutschen noch aus und erzielte dann den Siegtreffer sieben Minuten vor Abpfiff. Es war die einzige Begegnung, die Ungarn zwischen 1950 und 1956 verlor.

Max Morlock marque ici le premier but ouest-allemand durant la finale de la Coupe du monde 1954. La Hongrie avait déjà marqué à deux reprises mais, un peu plus tard, Helmut Rahn égalisait pour l'Allemagne puis marquait le but de la victoire à sept minutes de la fin. Cette rencontre constitue la seule défaite de la Hongrie entre 1950 et 1956.

Bert Williams of Wolverhampton Wanderers and England tips a shot from Bliard round the post in the Paris international, 15 May 1955, but France went on to beat England 1-0.

Bert Williams, Torwart für die Wolverhampton Wanderers und England, dreht beim Länderspiel in Paris, 15. Mai 1955, einen Schuss von Bliard noch um den Pfosten, aber am Ende schlug Frankreich England 1:0.

Bert Williams, gardien des Wolverhampton Wanderers et de l'équipe d'Angleterre, écarte ce tir de Bliard au ras du poteau lors d'un match international à Paris, le 15 mai 1955. La France finit tout de même par s'imposer 1-0.

Plucked from the eyebrows. The Portsmouth goalkeeper snatches the ball from the head of Wolves' Billy Wright at Molyneux, 18 August 1951.

Von der Stirn gepflückt. Der Torhüter von Portsmouth greift sich den Ball dicht vor dem Kopf von Billy Wright, Wolverhampton, in Molyneux, 18. August 1951.

Le gardien de Portsmouth vient cueillir ce ballon sur la tête de Billy Wright, de Wolverhampton, Molyneux, le 18 août 1951.

High heels and trim ankles... Eva (Evita) Perón shows her dainty skills to a group of young footballers taking part in the Argentina Children's Tournament at the President Perón Stadium, Buenos Aires, 26 January 1951.

Pumps und schlanke Waden ... Eva (Evita) Perón demonstriert ihre Geschicklichkeit vor einer Gruppe junger Fußballer bei einem argentinischen Jugendturnier im Stadion Präsident Perón, Buenos Aires, 26. Januar 1951.

Talons hauts et chevilles fines ... Stade du Président Perón, le 26 janvier 1951. Toute la délicatesse d'Eva Perón (Evita) en pleine démonstration face à un groupe de footballeurs en herbe participant au Tournoi argentin des jeunes.

... no heels and strapped ankles. Nigerian footballers touring Britain prepare for a game at Bishop Auckland in 1950. They played without boots even on the frozen grounds in the north of England.

... umwickelte Waden und gar kein Absatz. Nigerianische Fußballer bereiten sich während einer Englandtournee auf ein Spiel in Bishop Auckland 1950 vor. Selbst auf den gefrorenen Plätzen in Nordengland spielten sie ohne Fußballschuhe.

... pieds nus et bandages, en revanche, pour ces footballeurs nigérians en tournée en Grande-Bretagne, qui se préparent ici pour une rencontre à Bishop Auckland, en 1950. Les joueurs nigérians ne portaient jamais de chaussures, pas même sur les terrains gelés du nord de l'Angleterre.

Heavy leather and long laces. Boots stacked in Wolves players' lockers at Molyneux, 1952. At nearby Stoke City, the Co-op store paid Stanley Matthews £20 a week to wear their boots.

Hartes Leder, lange Schnüre. Fußballschuhe in den Fächern der Spieler von Wolverhampton, Molyneux, 1952. Der Co-op-Laden im nahegelegenen Stoke City zahlte Stanley Matthews 20 £ pro Woche, damit er ihre Schuhe trug.

Cuir épais et longs lacets. Des chaussures entassées dans les casiers des joueurs de Wolverhampton, le Molyneux, 1952. Dans la ville voisine de Stoke City, le magasin Co-op versait 20 £ par semaine à Stanley Matthews pour qu'il porte leurs chaussures.

Hard work, long face. Duggie Reid, top scorer for Portsmouth, cleans his boots. Thanks to Reid's goals, Portsmouth were League Champions in 1949 and 1950.

Harte Arbeit, langes Gesicht. Duggie Reid, Rekordtorschütze für Portsmouth, säubert seine Schuhe. Dank seiner Tore gewann Portsmouth die Meisterschaft 1949 und 1950.

Duggie Reid, le meilleur buteur de Portsmouth, semble absorbé par le nettoyage de ses chaussures. Ses performances permirent à Portsmouth de remporter le championnat en 1949 et en 1950.

Manchester City's Laurie Barnett talks to key players, Walsh and Evans, 24 February 1951. City were on their way back to the First Division. 'A great side? Not quite... but a determined, united, hard-working team', reported Denzil Batchelor.

Laurie Barnett von Manchester City spricht mit seinen Schlüsselspielern Walsh und Evans, 24. Februar 1951. City war auf dem Weg zurück in die erste Liga. „Eine große Mannschaft? Nicht ganz ... aber ein entschlossenes, einiges, fleißiges Team“, berichtete Denzil Batchelor.

Laurie Barnett de Manchester City, parle avec Walsh et Evans, ses joueurs clés. City s'apprêtait à remonter en première division (24 février 1951). « Une grande équipe ? Pas vraiment ... Mais un groupe déterminé et travaillant dur », d'après Denzil Batchelor.

The Brentford Beaux having a hot time in the plunge bath after a training session at Ramsgate are (front, left to right) Greenwood, Jefferies and O'Flanagan, with Goodwin (being choked, left) and Sherin (offering soap), 4 January 1950. Unhappily, the soapy superstars were beaten by Chelsea three days later, with what *The Times* called 'a cleverly lobbed goal by Bowie'.

Bei den schmucken Jungs von Brentford geht es heiß her – beim Baden nach einer Trainingseinheit in Ramsgate. (Vorne, von links nach rechts) Greenwood, Jefferies und O'Flanagan, mit Goodwin (dem links gerade die Luft abgedrückt wird) und Sherin (der Seife anbietet), 4. Januar 1950. Leider wurden die Superstars drei Tage später von Chelsea eingeseift, und zwar dank, wie die *Times* es nannte, „eines raffiniert gelupften Hebers von Bowie".

4 janvier 1950. Après l'entraînement, c'est l'heure du bain et de la détente pour les Brentford Beaux qui sont, au premier rang et de gauche à droite, Grennwood, Jefferies et O'Flanagan avec Goodwin (pris à la gorge, à gauche) et Sherin (qui propose du savon). Malheureusement, les stars de la baignoire devaient s'incliner face à Chelsea trois jours plus tard, sur un but que le *Times* qualifia de « lob astucieux de Bowie ».

Less bemused perhaps than the Chelsea team that played against Moscow Dynamo in 1945, Wolves players, led by their captain, Billy Wright, receive bouquets of flowers from the Spartak Moscow team, Moscow, 20 August 1955.

Vielleicht etwas weniger verstört als Chelsea, das 1945 gegen Dynamo Moskau spielte, nehmen Spieler von Wolverhampton, angeführt von ihrem Kapitän Billy Wright, Blumensträuße von Spartak Moskau entgegen, Moskau, 20. August 1955.

Les Wolves (« loups », en anglais) sont peut-être un peu moins stupéfaits que l'équipe de Chelsea qui avait affronté le Dynamo de Moscou en 1945. Leur capitaine, Billy Wright, reçoit ici des fleurs de la part du Spartak de Moscou, à l'occasion d'une rencontre disputée à Moscou le 20 août 1955.

Hungry for the Wolves. Thousands of Russian fans paid £9 each for a black market ticket to the Wolves-Spartak game. Spartak won 3-0.

Hungrig nach den Wölfen. Tausende russischer Fans bezahlten 9 £ pro Kopf für eine Schwarzmarktkarte zum Spiel Wolverhampton – Spartak. Spartak gewann 3:0.

Une faim de « loups » pour les supporters russes qui furent des milliers à se procurer sur le marché noir, au tarif de 9 £, des billets d'entrée pour la rencontre Wolves-Spartak, remportée 3-0 par le Spartak.

Footballer of the decade. Ferenc Puskas trains in Milan, 12 January 1956. He was preparing for his last game with the Hungarian club, Honved. Weeks later he defected to the West.

Fußballer des Jahrzehnts. Ferenc Puskas trainiert in Mailand, 12. Januar 1956. Er bereitete sich auf sein letztes Spiel mit seinem ungarischen Verein Honved Budapest vor. Nur Wochen später flüchtete er in den Westen.

Le footballeur de la décennie, Ferenc Puskas, s'entraîne à Milan le 12 janvier 1956. Il se prépare pour sa dernière rencontre sous les couleurs du Honved, le club hongrois. Il devait se réfugier à l'Ouest quelques semaines plus tard.

Billy Wright (with ball) and Puskas lead out the English and Hungarian teams at Wembley, 25 November 1953. On a momentous day, England were 'outplayed, outgeneralled, outpaced and outshot' (*News Chronicle*) in a 6-3 defeat. 'England at last were beaten by a foreign invader' (*The Times*).

Billy Wright (mit dem Ball) und Puskas führen die englische und die ungarische Nationalmannschaft in Wembley aufs Spielfeld, 25. November 1953. In einer denkwürdigen Begegnung wurde England „ausgespielt, ausmanövriert, überrannt und abgeschossen" (*News Chronicle*). „Jetzt konnten ausländische Invasoren England doch noch schlagen", kommentierte die *Times* das 3:6-Debakel.

Billy Wright (qui tient le ballon) et Puskas emmènent respectivement les équipes d'Angleterre et de Hongrie au Stade de Wembley, le 25 novembre 1953. À l'issue de cette rencontre historique, qui vit l'Angleterre s'incliner sur le score de 6-3, le *News Chronicle* écrivait que la sélection anglaise avait été « dominée, surclassée et complètement prise de vitesse ». Le *Times* renchérissait en affirmant que l'Angleterre « avait fini par céder sous les assauts de l'envahisseur hongrois ».

Di Stefano (in white) backheels the ball past Manchester United's goalkeeper, Harry Gregg, Old Trafford, 2 October 1959. 'The greatness of Di Stefano was that, with him in your side, you had two players in every position' (Miguel Muñoz, Real Madrid coach).

Di Stefano (in Weiß) befördert den Ball mit einem Absatzkick an Manchester Uniteds Torhüter Harry Gregg vorbei, Old Trafford, 2. Oktober 1959. „Die Größe von Di Stefano bestand darin, dass man, sobald er in der Mannschaft war, zwei Spieler auf jeder Position hatte" (Miguel Muñoz, Trainer von Real Madrid).

Di Stefano (en blanc) trompe du talon Harry Gregg, le gardien de Manchester United, à Old Trafford, le 2 octobre 1959. « Di Stefano avait ceci d'extraordinaire que, lorsqu'il jouait dans votre équipe, c'était comme si vous aviez deux fois plus de joueurs sur le terrain » (Miguel Muñoz, entraîneur du Real de Madrid).

Alfredo Di Stefano, pride of Real Madrid and Spain, 25 May 1956. Di Stefano scored in every European Cup Final from 1956 to 1960.

Alfredo Di Stefano, der Stolz von Real Madrid und der spanischen Nationalmannschaft, 25. Mai 1956. Di Stefano schoß in jedem Europapokalfinale von 1956 bis 1960 mindestens ein Tor.

Alfredo Di Stefano, fierté du Real de Madrid et de toute l'Espagne, photographié le 25 mai 1956. De 1956 à 1960, Di Stefano a marqué dans chacune des finales de Coupe d'Europe.

The Gentle Giant. John Charles of Juventus leaps above the Inter Milan defenders. In 1958 he was voted Best Player in the Italian League by readers of *La Gazzetta dello Sport*.

Der sanfte Riese. John Charles von Juventus Turin überspringt die Verteidiger von Inter Mailand. Die Leser der *Gazzetta dello Sport* wählten ihn 1958 zum besten Spieler der italienischen Liga.

Le géant sympathique, John Charles de la Juve, s'élève au-dessus de la défense de l'Inter de Milan. En 1958, il fut désigné comme le meilleur joueur du championnat italien par les lecteurs de *La Gazzetta dello Sport*.

John Charles at the height of his fame. Juventus paid him £60 a week, four times the maximum permissible for players in the English Football League.

John Charles auf der Höhe seines Ruhms. Juventus zahlte ihm 60 £ pro Woche, das Vierfache der Summe, die in der englischen Liga als Höchstbetrag zulässig war.

John Charles, au sommet de sa gloire. La Juve le payait 60 £ par semaine, ce qui représentait quatre fois le salaire maximum autorisé pour le championnat d'Angleterre.

Head-high. Real Madrid's captain, Zarrago, proudly displays the European Cup after his team's 2-0 victory over Reims in Stuttgart, 5 June 1959.

Erhobenes Haupt ... Real Madrids Mannschaftskapitän Zarrago reckt stolz den Europapokal in die Höhe, nach dem 2:0-Sieg über Reims in Stuttgart, 5. Juni 1959.

La fierté de Zarrago ... Le capitaine du Real de Madrid brandit triomphalement la Coupe d'Europe après la victoire de son équipe face à Reims (2-0) à Stuttgart, le 5 juin 1959.

Shoulder-high. Two members of the victorious OSC Lille team with the French Cup, 29 May 1955. OSC and OGC Nice dominated this competition from 1946 to 1955, Lille winning it five times and Nice twice.

... und starke Schultern. Die Spieler des siegreichen OSC Lille scharen sich um den französischen Pokal, 29. Mai 1955. OSC und OGC Nizza dominierten diesen Wettbewerb von 1946 bis 1955. Lille gewann ihn fünfmal, Nizza zweimal.

... et celle des joueurs de Lille qui remportent la Coupe de France, le 29 mai 1955. De 1946 à 1955, le club de Lille et de l'OGC Nice dominèrent l'épreuve : Lille s'adjugeant la trophée cinq fois, Nice deux fois.

The World Cup semi-final, Stockholm, 24 June 1958. Vava of Brazil drives the ball past the French goalkeeper, Claude Abbes. This blistering goal was followed by a second half hat trick from Edson Arantes do Nascimento – better known as Pelé.

Halbfinale der Weltmeisterschaft, Stockholm, 24. Juni 1958. Der Brasilianer Vava drischt den Ball am französischen Torhüter Claude Abbes vorbei. Diesem mörderischen Tor folgte in der zweiten Halbzeit ein Hattrick von Edson Arantes do Nascimento – besser bekannt als Pelé.

Demi-finale de la Coupe du monde à Stockholm, le 24 juin 1958. Vava le Brésilien réussit à tromper Claude Abbes, le gardien français. Ce tir cinglant fut suivi, en deuxième mi-temps, par un « coup du chapeau » d'Edson Arantes do Nascimento, plus connu sous le nom de Pelé.

The World Cup Final, Stockholm, 29 June 1958. The Brazilian players celebrate their 5-2 victory over Sweden to win the Jules Rimet trophy. At the final whistle, eighteen-year-old Pelé collapsed in tears.

Endspiel der Weltmeisterschaft, Stockholm, 29. Juni 1958. Die brasilianischen Spieler feiern ihren 5:2-Sieg über Schweden und den Gewinn des Jules-Rimet-Pokals. Beim Schlusspfiff brach der 18-jährige Pelé in Tränen aus.

Finale de la Coupe du monde à Stockolm, le 29 juin 1958. Les Brésiliens célèbrent leur victoire sur la Suède par 5 buts à 2, leur permettant de remporter le trophée Jules Rimet. Au coup de sifflet final, le jeune Pelé, âgé de dix-huit ans, s'effondrait en larmes.

Manchester United on parade in Belgrade before their European Cup quarter-final with Red Star, 6 February 1958. The away draw gave United a place in the semi-final. Tom Jackson of the *Manchester Evening News* reported: 'United will never have a tougher fight than this.'

Vor dem Viertelfinale im Europacup gegen Roter Stern Belgrad stellt sich Manchester United in Positur, Belgrad, 6. Februar 1958. Das Auswärts-Unentschieden brachte United ins Halbfinale. Tom Jackson vom *Manchester Evening* berichtete: „United wird niemals einen schlimmeren Kampf zu bestehen haben als diesen."

L'équipe de Manchester United pose avant le quart de finale qui l'oppose au Red Star, le 6 février 1958 à Belgrade. Le match nul acquis à l'extérieur permit à Manchester d'accéder aux demi-finales. Tom Jackson, du *Manchester Evening News*, estimait que « Manchester a disputé là la rencontre la plus dure que l'on puisse imaginer ».

Within hours of the game, eight United players, their coach, trainer and secretary, Tom Jackson and ten others lay dead in the wreckage of the BEA Elizabethan airliner at Kirch, near Munich.

Wenige Stunden nach dem Spiel lagen acht Spieler von Manchester United, ihr Coach, Trainer und Vereinsgeschäftsführer sowie Tom Jackson und zehn weitere Personen tot im Wrack der BEA-Elizabethan-Maschine nach deren Absturz in Kirch, in der Nähe von München.

Quelques heures après la rencontre, huit joueurs de Manchester, le coach, l'entraîneur, Tom Jackson et dix autres personnes trouvent la mort dans l'accident du bimoteur « Elizabethan » de la British European Airways à Kirch, près de Munich.

6. The stars come out
Die Stars treten auf
L'avènement des stars

Pelé, 27 June 1966. He missed the 1962 World Cup through injury, and was the victim of such harsh tackling in the 1966 competition that he vowed never to play again in the World Cup.

Pelé am 27. Juni 1966. Die Weltmeisterschaft 1962 verpasste er verletzungsbedingt, und 1966 wurde er Opfer so rüder Attacken, dass er schwor, niemals mehr bei einer Weltmeisterschaft zu spielen.

Pelé, le 27 juin 1966. Absent de la Coupe du monde de 1962 pour cause de blessure, Pelé fut constamment victime d'agressions irrégulières durant l'édition de 1966 et jura qu'il ne participerait plus à aucune Coupe du monde.

The 1960s saw the arrival of the footballer as celebrity. The greatest players of the decade became public property, pursued by photographers and hounded by fans. After George Best had displayed his brilliance against Benfica in the European Cup semi-final in 1966, he was chased across the pitch by a Portuguese fan brandishing a knife. The man simply wanted a lock of 'El Beatle's' hair. The great players were worshipped across the world. British travellers abroad after England's World Cup victory in 1966 were welcomed in the most obscure places with shouts of 'Bobby Charlton'. Pelé was as much a hero in Spain and Germany as in his native Brazil; Eusebio was as famous in Mexico and Chile as in Portugal. With this new status came higher financial rewards. In 1960, Johnny Haynes of Fulham became Britain's first £100 a week player. When Bill Nicholson, manager of Spurs, brought Jimmy Greaves back from AC Milan in 1961, he paid £99,999 – not wanting Greaves to be labelled 'the first £100,000 footballer'. Greaves repaid him by helping Spurs become the English team of the decade.

Celtic were Scotland's team of the 1960s; Benfica were the leading club in Europe. International honours went to Brazil in the 1962 World Cup, to Spain in the 1963-4 European Championship and to Italy in the same competition in 1967-8. And, ten years after the horrors of the Munich air crash, Manchester United won the European Cup.

In den 60er Jahren wurden Fußballer zu Berühmtheiten. Die größten Spieler des Jahrzehnts wurden öffentlicher Besitz, verfolgt auf Schritt und Tritt von Fotografen und Fans. Nachdem George Best seine Klasse im Halbfinale gegen Benfica Lissabon beim Europapokal 1966 unter Beweis gestellt hatte, wurde er von einem portugiesischen Fan über den Platz gejagt, der ein Messer schwenkte. Der Mann wollte einfach nur eine Locke aus der Haarpracht von „El Beatle". Die großen Spieler wurden in der ganzen Welt verehrt. Nach dem Weltmeisterschaftsgewinn Englands 1966 wurden britische Reisende an den entlegensten Orten im Ausland mit „Bobby Charlton"-Rufen begrüßt. Pelé war in Spanien und Deutschland ebenso ein Held wie in seinem Heimatland Brasilien; Eusebio war in Mexiko und Chile so berühmt wie in Portugal.

Mit dem neuen Status kamen auch finanzielle Verbesserungen. Johnny Haynes von Fulham wurde 1960 zum ersten britischen Spieler mit 100 £ Gehalt in der Woche. Als Bill Nicholson, der Manager der Spurs, 1961 Jimmy Greaves vom AC Mailand zurückkaufte, legte er 99 999 £ auf den Tisch – weil er nicht wollte, dass Greaves „der erste 100 000-£-Fußballer“ genannt wurde. Greaves lohnte es ihm, indem er dazu beitrug, die Spurs zur englischen Mannschaft des Jahrzehnts zu machen.

Celtic Glasgow war Schottlands Mannschaft des Jahrzehnts, Benfica Lissabon war die führende Vereinsmannschaft Europas. Brasilien wurde 1962 Weltmeister, Europameister wurden Spanien 1964 und Italien 1968. Und zehn Jahre nach dem schrecklichen Flugzeugabsturz bei München gewann Manchester United den Europapokal.

Durant les années soixante, les footballeurs acquirent le statut de célébrités. Les meilleurs d'entre eux faisaient partie intégrante du domaine public, étaient suivis dans leur moindre déplacement par des photographes et des supporters. En 1966, après sa demi-finale de Coupe d'Europe particulièrement brillante contre Benfica, George Best fut poursuivi sur la pelouse par un supporter portugais armé d'un couteau. L'homme déclara avoir seulement voulu prélever une mèche de cheveux du « Beatle ». Les plus grands joueurs étaient adulés sur toute la planète. Les Anglais voyageant à l'étranger après la victoire de leur équipe nationale lors de l'édition 1966 de la Coupe du monde étaient accueillis jusque dans les endroits les plus reculés aux cris de « Bobby Charlton ». Pelé était considéré comme un héros aussi bien en Espagne et en Allemagne que dans son Brésil natal, et Eusebio était tout autant célèbre au Mexique et au Chili qu'au Portugal. Ce prestige nouveau des footballeurs eut aussi des conséquences financières. En 1960, Johnny Haynes, de Fulham, fut le premier joueur britannique à gagner 100 £ par semaine. Lorsque Bill Nicholson, le manager des Spurs, racheta Jimmy Greaves à l'AC Milan en 1961, il paya 99 999 £ pour cette acquisition, ne souhaitant pas que le joueur reste dans l'histoire comme « le premier transfert de 100 000 £ ». Greaves ne déçut pas sa confiance puisqu'il contribua à faire des Spurs le club anglais le plus remarquable de la décennie.

Du côté de l'Écosse, l'équipe de la décennie fut le Celtic de Glasgow et, au niveau européen, c'est le club portugais de Benfica qui donnait le ton. La Coupe du monde revint au Brésil en 1962 et le championnat d'Europe des nations fut remporté par l'Espagne en 1964 puis par l'Italie en 1968. Enfin, dix ans après la catastrophe aérienne de Munich, Manchester United remportait la Coupe d'Europe.

Zito of Brazil celebrates his header from Amarildo's stunning cross that gave Brazil their second goal against Czechoslovakia in the World Cup Final, 17 June 1962. Brazil went on to win 3-1.

Zito, Brasilien, feiert den Kopfball nach Amarildos begeisternder Flanke, die er im Weltmeisterschafts-endspiel gegen die Tschechoslowakei zum zweiten Tor für Brasilien verwertete, 17. Juni 1962. Brasilien gewann schließlich mit 3:1.

Zito, le Brésilien, peut se réjouir du but de la tête qu'il vient de marquer suite à un centre époustouflant d'Amarildo permettant au Brésil de marquer son second but face à la Tchécoslovaquie en finale de Coupe du monde, le 17 juin 1962. Le Brésil remporta le titre sur le score final de 3 buts à 1.

19
8

Italian snowstorm. Jair and fellow Inter Milan players trudge from the pitch when their game against Padova is abandoned, 15 December 1962.

Schneesturm in Italien. Jair und seine Mitspieler von Inter Mailand trotten vom Platz, als ihr Spiel gegen Padua abgebrochen wird, 15. Dezember 1962.

Tempête de neige en Italie. Jair et ses coéquipiers de l'Inter de Milan quittent pénible-ment le terrain, leur rencontre contre Padoue étant inter-rompue, le 15 dé-cembre 1962.

Danish mud bath. A goalkeeper slithers through the mire to make a save, Copenhagen, December 1960. Something seems to be rotten in the state of Denmark.

Schlammbad in Dänemark. Ein Torwart schlittert durch den Matsch, Kopenhagen, Dezember 1960. Da ist doch etwas faul im Staate Dänemark.

Bain de boue au Danemark. Un gardien glisse dans la boue en effectuant un arrêt (Copenhague, décembre 1960). Il y a quelque chose de pourri dans l'empire du Danemark.

In the net. The legendary USSR goalkeeper Lev Yashin, 'the black spider', arrives for a training session in Budapest before leaving for Chile and the World Cup finals, 9 March 1962.

Im Netz. Der legendäre Torhüter der UdSSR, Lew Jaschin, die „schwarze Spinne", trifft zum Training in Budapest ein, bevor er nach Chile zur Endrunde der Weltmeisterschaft weiterreist, 9. März 1962.

Dans les filets. Le légendaire gardien soviétique Lev Yachine, surnommé « l'araignée noire » arrive à Budapest pour une séance d'entraînement avant de s'envoler vers le Chili pour participer à la phase finale de la Coupe du monde, le 9 mars 1962.

In safe hands. Gordon Banks at a Roehampton training session on 11 March 1969, before the England v. France international. The following day he kept a clean sheet as England won 5-0.

In sicheren Händen. Gordon Banks beim Training in Roehampton am 11. März 1969, vor dem Länderspiel gegen Frankreich. Am Folgetag hielt er den Kasten sauber und England gewann 5:0.

Dans les mains. Gordon Banks lors d'une séance d'entraînement à Roehampton le 11 mars 1969, avant la rencontre entre la France et l'Angleterre. Le lendemain, il réussit à préserver son but et l'Angleterre s'imposait par 5-0.

'Football Capital of the World.' The Giuseppe Meazza Stadium in San Siro, Milan – home to AC Milan and Internazionale (Inter). It was opened on 29 June 1955, with a capacity of 82,000, replacing the earlier stadium built by Piero Pirelli in 1926.

„Fußballhauptstadt der Welt". Das Guiseppe-Meazza-Stadion in San Siro, Mailand – Heimstadion von AC und Internazionale (Inter) Mailand. Am 29. Juni 1955 eröffnet, bot es 82 000 Zuschauern Platz und ersetzte das alte Stadion, das Piero Pirelli 1926 erbaut hatte.

« La capitale mondiale du football ». Le stade Giuseppe Meazza à San Siro (Milan), terrain de l'AC Milan et de l'Internazionale (Inter) de Milan. Inauguré le 29 juin 1955 et doté d'une capacité de 82 000 spectateurs, il remplaçait l'ancien stade construit par Piero Pirelli en 1926.

The view from behind the goal. Brazilian footballer Jair leaps for joy after scoring for Inter against Juventus in 1962. Inter won the Italian League that season. Juventus finished second.

Der Blick durchs Netz. Der Brasilianer Jair macht einen Freudensprung, nachdem er 1962 gegen Juventus getroffen hat. Inter Mailand gewann in diesem Jahr die Ligameisterschaft, Juventus belegte Platz zwei.

Vue de derrière les buts. Le Brésilien Jair, sous les couleurs de l'Inter, saute de joie après son but face à la Juventus en 1962. L'Inter devait remporter le Championnat italien cette année-là, la Juventus terminant deuxième.

Another Inter attack. Di Giacomo leaves the AS Roma goalkeeper lying in the mud as he scores, 31 December 1962.

Noch ein Inter-Angriff. Di Giacomo lässt bei seinem Treffer am 31. Dezember 1962 den Torhüter von AS Rom im Schlamm liegen.

Une autre attaque de l'Inter. Di Giacomo abandonne le gardien de l'AS Roma à son triste sort et marque, le 31 décembre 1962.

European Footballer of the Year 1965. Eusebio of Benfica runs past Giovanni Trapattoni of AC Milan in the European Cup Final at Wembley, 25 May 1963. AC Milan won 2-1.

Europäischer Fußballer des Jahres 1965. Eusebio von Benfica Lissabon überläuft Giovanni Trapattoni vom AC Mailand im Europacupfinale im Wembleystadion, 25. Mai 1963. Der AC Mailand gewann 2:1.

Le footballeur européen de l'année 1965. Eusebio, du Benfica, déborde Giovanni Trapattoni (AC Milan) lors d'une finale de Coupe d'Europe à Wembley, le 25 mai 1963. L'AC Milan s'imposait finalement sur le score de 2-1.

European Footballer of the Year 1966. Bobby Charlton takes the ball through midfield in the England v. Scotland international at Hampden Park, Glasgow, 11 April 1964. Scotland won 1-0.

Europäischer Fußballer des Jahres 1966. Bobby Charlton führt den Ball im Mittelfeld beim Länderspiel England gegen Schottland, Hampden Park, Glasgow, 11. April 1964. Schottland gewann 1:0.

Le footballeur européen de l'année 1966. Bobby Charlton s'empare du ballon au milieu du terrain lors du match international Angleterre-Écosse au Hampden Park de Glasgow, le 11 avril 1964, qui vit la victoire de l'Écosse sur le score de 1-0.

Buried treasure. Pickles, the black and white mongrel, in the Norwood garden where he found the Jules Rimet trophy, March 1966. It had been stolen one week earlier; the thief was never caught. Pickles was allowed to lick the plates after the England World Cup banquet.

Vergrabener Schatz. Pickles, der schwarz-weiße Mischling, in einem Garten in Norwood, wo er im März 1966 den Jules-Rimet-Pokal aufspürte, der eine Woche zuvor gestohlen worden war. Der Dieb wurde nie gefasst. Pickles durfte nach Englands Weltmeisterschaftsbankett die Teller ablecken.

Trésor enfoui. Pickles, un bâtard noir et blanc, est photographié dans un jardin de Norwood où il a retrouvé le trophée Jules Rimet, en mars 1966. Ce dernier avait été dérobé une semaine plus tôt. Le voleur n'a jamais pu être identifié. À la fin du banquet organisé après la Coupe du monde en Angleterre, Pickles eut le droit de lécher les assiettes.

Inflated objects. Sir Stanley Rous, President of FIFA, and his aides examine the gleaming footballs submitted for use in the 1966 World Cup finals.

Aufgeblasene Dinger. Sir Stanley Rous, Präsident der FIFA, inspiziert mit Helfern die glänzenden Fußbälle, die für die Weltmeisterschaftsendrunde 1966 eingereicht wurden.

Ils ne manquent pas d'air, les ballons flambant neufs que Sir Stanley Rous et ses assistants inspectent en vue de leur utilisation pour la phase finale de la Coupe du monde 1966.

Falling ... Uwe Seeler of West Germany is brought down by Manicera of Uruguay in the World Cup quarter-final at Hillsborough, Sheffield, 24 July 1966. Two Uruguayan players were sent off. West Germany won 4-0.

Fallen ... Uwe Seeler, Bundesrepublik Deutschland, wird von Manicera, Uruguay, zu Fall gebracht. WM-Viertelfinalspiel im Hillsborough-Stadion, Sheffield, 24. Juli 1966. Zwei Spieler aus Uruguay erhielten Platzverweise. Deutschland gewann 4:0.

La disgrâce ... Uwe Seeler (Allemagne de l'Ouest) est descendu par l'Uruguayen Manicera lors d'un quart de finale de Coupe du monde au stade de Hillsborough (Sheffield) le 24 juillet 1966. Deux joueurs uruguayens furent expulsés et l'Allemagne de l'Ouest s'imposa sur le score de 4-0.

... flying. A happier day for Uruguay's strikers. Rocha and Cortes scored as they beat France 2-0 in a World Cup tie at a 'dripping' White City, London, 15 July 1966.

... fliegen. Ein glücklicherer Tag für Uruguays Stürmer. Rocha und Cortes trafen zum 2:0-Sieg über Frankreich bei einem Weltmeisterschaftsspiel im Regen, White City, London, 15. Juli 1966.

... ou l'euphorie. Un jour plus faste pour les buteurs uruguayens Rocha et Cortes qui permettent à leur équipe de s'imposer 2-0 face à la France lors d'une rencontre de Coupe du monde, sous une pluie battante à White City (Londres), le 15 juillet 1966.

Geoff Hurst takes off after heading England's winning goal against Argentina, 23 July 1966. His jubilant team-mate, with arms raised, is Roger Hunt.

Geoff Hurst hebt ab, nachdem er Englands Siegtor über Argentinien geköpft hat, 23. Juli 1966. Der mit erhobenen Händen jubelnde Mannschaftskamerad ist Roger Hunt.

L'enthousiasme de Geoff Hurst après avoir marqué de la tête un but synonyme de victoire pour l'Angleterre face à l'Argentine, le 23 juillet 1966. Le coéquipier qui lève les bras au ciel est Roger Hunt.

Consoled by the press. Eusebio is helped from the field after England have beaten Portugal 2-1 in the World Cup semi-final, 27 July 1966.

Von der Presse getröstet. Nach der 1:2-Niederlage Portugals gegen England im WM-Halbfinale am 27. Juli 1966 wird Eusebio vom Platz geleitet.

Consolé par un journaliste, Eusebio quitte la pelouse après la défaite (1-2) du Portugal face à l'Angleterre, en demi-finale de Coupe du monde, le 27 juillet 1966.

Mobbed by the fans. Pelé is surrounded in an English park during the 1966 World Cup. On the field life was not so pleasant. He was injured in the game against Bulgaria, missed the game against Hungary, and was repeatedly fouled by the Portuguese.

Von den Fans bedrängt. Pelé, umringt in einem englischen Park während der Weltmeisterschaft 1966. Auf dem Platz war das Leben nicht so angenehm. Er wurde im Spiel gegen Bulgarien verletzt, musste das Spiel gegen Ungarn auslassen und wurde gegen Portugal wiederholt gefoult.

Durant la Coupe du monde 1966, Pelé est assailli par de jeunes fans dans un parc anglais. Sur le terrain, Pelé connaissait plus de difficultés. Il fut blessé contre la Bulgarie, indisponible contre la Hongrie et eut à subir de nombreuses agressions face au Portugal.

A memory to cherish. A young England fan proudly displays his banner at the World Cup Final, Wembley, 30 July 1966.

Eine schöne Erinnerung. Ein junger Englandfan zeigt stolz Flagge beim WM-Endspiel, Wembley, 30. Juli 1966.

Un souvenir à chérir, pour ce jeune supporter anglais qui tient fièrement son drapeau lors de la finale de la Coupe du monde à Wembley, le 30 juillet 1966.

A day to forget. Supporters from a West German club greet their national team at Wembley before the World Cup Final against England. Within the next couple of hours their hopes were dashed, as England won 4-2.

Ein Tag, den man besser vergisst. Anhänger eines deutschen Vereins grüßen ihre Nationalmannschaft in Wembley vor dem Finale gegen England. Ihre Hoffnungen zerschlugen sich in den nächsten paar Stunden, denn England gewann 4:2.

Un jour à oublier au plus vite, en revanche, pour ces supporters d'un club ouest-allemand venus encourager leur équipe nationale avant la finale de la Coupe du monde face à l'Angleterre. Deux heures plus tard, leurs espoirs seront balayés par une équipe d'Angleterre qui s'imposa sur le score de 4-2.

'They think it's all over... it is now.' England's lap of honour after winning the 1966 World Cup. (From left) Banks, Wilson, Ball, Bobby Charlton, Moore and Cohen. 'The most triumphant and tumultuous din I have ever heard rose from the stands and terraces' (*Sunday Express*).

„Sie glauben, alles ist vorüber ... und das ist es jetzt." Englands Ehrenrunde nach dem Gewinn der Weltmeisterschaft 1966. (Von links) Banks, Wilson, Ball, Bobby Charlton, Moore und Cohen. „Von den Rängen und Tribünen erhob sich das triumphierendste und tumultuöseste Höllenspektakel, das ich je gehört habe" (*Sunday Express*).

« Cette fois-ci, c'est bel et bien fini. » Le tour d'honneur des Anglais après leur victoire lors de la Coupe du monde de 1966. De gauche à droite : Banks, Wilson, Ball, Bobby Charlton, Moore et Cohen. Ce jour-là à Wembley, le journaliste du *Sunday Express* affirmait avoir entendu s'élever des gradins « une clameur de triomphe et un vacarme tels que je n'en avais jamais entendus ».

Manchester United v. Arsenal, Old Trafford, 30 October 1967. The players are (from left) George Graham, the Flying Four – Pat Crerand, Frank McClintock, George Best, John Radford – and Nobby Stiles.

Manchester United gegen Arsenal, Old Trafford, 30. Oktober 1967. Die Spieler sind (von links nach rechts) George Graham, die Fliegenden Vier – Pat Crerand, Frank McClintock, George Best, John Radford – und Nobby Stiles.

Manchester United rencontre Arsenal à Old Trafford, le 30 octobre 1967. De gauche à droite : George Graham, puis les quatre joueurs en l'air Pat Crerand, Frank McClintock, George Best et John Radford ; et enfin Nobby Stiles, à l'extrême droite.

A wizard in more ways than one. George Best reclines on the bonnet of his Jaguar in a modest attempt to attract Jennifer Lowe (Miss UK) in the World Cup summer of 1966.

Ein Zauberer in mehr als einer Hinsicht. George Best lehnt sich auf der Haube seines Jaguar zurück im bescheidenen Versuch, Jennifer Lowe (Miss Großbritannien) für sich einzunehmen. Weltmeisterschaftssommer 1966.

Un enchanteur dans tous les sens du terme... George Best sur le capot de sa Jaguar, essayant timidement de séduire Jennifer Lowe (Miss Royaume-Uni) durant l'été de la Coupe du monde 1966.

RAY GREEN

'The greatest free talent ever to grace the British game.' George Best helping Manchester United towards the English First Division Championship, 25 April 1967.

„Die größte Begabung, die je britischen Fußballrasen zierte." George Best hilft Manchester United auf dem Weg zur Meisterschaft, 25. April 1967.

« Le joueur le plus doué et le plus inspiré de toute l'histoire du football britannique. » George Best, sous les couleurs de Manchester United, ne ménage pas ses efforts pour amenener son équipe au titre, le 25 avril 1967.

Matt Busby, manager of Manchester United, encourages his players before extra time: 'If you pass the ball to each other, you will beat them.' He was right. United went on to beat Benfica 4-1 after extra time, Wembley, 29 May 1968.

Matt Busby, Trainer von Manchester United, spricht seinen Spielern vor Beginn der Verlängerung Mut zu: „Wenn ihr euch die Bälle zuspielt, werdet ihr sie schlagen." Er hatte Recht. United schlug Benfica 4:1 nach Verlängerung im Wembleystadion, 29. Mai 1968.

Matt Busby, le manager de Manchester United, encourage ses joueurs avant les prolongations : « Si vous vous faites des passes, vous parviendrez à les battre. » La suite lui donna raison et Manchester finit par s'imposer 4-1 après prolongations face au Benfica à Wembley, le 29 mai 1968.

A last minute goal for Olympiakos gives them victory in the Greek Cup Final, 17 June 1965. The fallen are members of their opponents, Panathinaikos. Olympiakos won the Cup five years out of the eight it was competed for in the 1960s.

Ein Tor in letzter Minute bedeutet den Sieg für Olympiakos im griechischen Pokalfinale, 17. Juni 1965. Auf dem Boden Spieler der gegnerischen Mannschaft, Panathinaikos. Olympiakos gewann den Pokal in fünf der acht Jahre, in denen er in den 60er Jahren ausgespielt wurde.

But à la dernière minute de l'Olympiakos, en finale de la Coupe de Grèce, le 17 juin 1965. À terre, les joueurs du Panathinaikos, abattus. Dans les années 60, l'Olympiakos a remporté cinq fois cette compétition, sur un total de huit participations.

Trophy on a trolley. Two Tottenham Hotspur commissionaires parade the European Cup Winners' Cup at the start of the 1963-4 season, White Hart Lane, 31 August 1963. Spurs had won the Cup when they beat Atletico Madrid 5-1 in Rotterdam earlier that year.

Tafelsilber, fahrbar. Zwei Beauftragte von Tottenham Hotspur präsentieren den Europapokal der Pokalsieger zu Beginn der Spielzeit 1963/64, White Hart Lane, 31. August 1963. Die Spurs hatten den Pokal früher im Jahr mit einem 5:1-Sieg über Atletico Madrid in Rotterdam gewonnen.

On présente les trophées. Deux officiels des Tottenham Hotspur font admirer la Coupe d'Europe des vainqueurs de coupe au début de la saison 1963-1964, à White Hart Lane, le 31 août 1963. Plus tôt cette même année, les Spurs s'étaient adjugé la Coupe en battant l'Atletico de Madrid à Rotterdam sur le score de 5-1.

Gun in hand. Gerd Müller of Bayern Munich and West Germany with a presentation model cannon from the Gunners, Highbury, 28 August 1967. In Germany Müller was known as 'the bomber'.

Kanone im Anschlag. Der deutsche Nationalspieler Gerd Müller vom FC Bayern München mit einem Kanonenmodell, ein Geschenk von Arsenal London, den „Kanonieren" („the Gunners"), Highbury, 28. August 1967. In Deutschland war er auch als „Bomber der Nation" bekannt.

On présente les armes. Gerd Müller, de l'équipe du Bayern de Munich et de l'Allemagne de l'Ouest, admire ce modèle d'exposition de l'emblème des Gunners (« les canoniers »), à Highbury, le 28 août 1967. En Allemagne, il fut également célèbre sous le nom de « bombardier ».

Their cup runneth over ... three Everton players with the FA Cup after two goals by Mike Trebilcock and one by Derek Temple had given them victory over Sheffield Wednesday, Wembley, 14 May 1966.

Und ihr Kelch schäumet über ... Spieler von Everton mit dem englischen Pokal, nachdem zwei Tore von Mike Trebilcock und eines von Derek Temple ihnen den Sieg über Sheffield Wednesday eingebracht hatten, Wembley, 14. Mai 1966.

La coupe déborde d'allégresse pour les trois joueurs d'Everton qui remporte la Cup face à Sheffield Wednesday grâce à deux buts de Mike Trebilcock et un de Derek Temple, le 14 mai 1966.

Ian Collard of West Bromwich Albion shares his joy with the crowd, following his team's 1-0 win over red-hot favourites Everton in the FA Cup Final, 18 May 1968. The press labelled it a 'dreadful match'. Collard could not have cared less.

Ian Collard von West Bromwich Albion teilt seine Freude mit der Menge, nachdem seine Mannschaft den Topfavoriten Everton im englischen Pokalfinale 1:0 geschlagen hat, 18. Mai 1968. Die Presse nannte es „ein fürchterliches Spiel". Collard konnte das schnuppe sein.

Ian Collard, de l'équipe de West Bromwich Albion, partage son enthousiasme avec le public après la victoire de son équipe en finale de la Cup face aux favoris d'Everton sur le score de 1-0, le 18 mai 1968. La presse qualifia ce match « d'épouvantable ». C'était donc le moins que puisse faire Collard.

Two defeats for Benfica. Inter fans enjoy their 2-1 victory in the European Cup Final, Wembley, 21 May 1963.

Zwei Niederlagen für Benfica. Fans von Inter Mailand genießen ihren 2:1-Sieg im Europapokalfinale, Wembley, 21. Mai 1963.

Le Benfica s'incline à deux reprises. Les supporters de l'Inter célèbrent la victoire de leur équipe par 2 buts à 1 en finale de la Coupe d'Europe à Wembley, le 21 mai 1963.

David Sadler of Manchester United holds the European Cup aloft after United beat Benfica 4-1 at Wembley, 29 May 1968. George Best is the other player.

David Sadler von Manchester United hebt den Europapokal in die Höhe, nachdem United Benfica 4:1 in Wembley geschlagen hat, 29. Mai 1968. Der andere Spieler ist George Best.

David Sadler, de Manchester United, brandit la Coupe d'Europe après la victoire de son équipe face à Benfica sur le score de 4-1 face à Wembley, le 29 mai 1968. L'autre joueur est George Best.

Shirt tugging 1. Alf Ramsey prevents England's George Cohen from swapping his shirt with an Argentine player after the ill-spirited World Cup quarter-final which England won 1-0, Wembley, 23 July 1966. Ramsey later apologised for calling his opponents 'animals'.

Trikotziehen zum Ersten. Alf Ramsey hält den englischen Nationalspieler George Cohen davon ab, nach einem von Unsportlichkeiten geprägten WM-Viertelfinalspiel mit einem argentinischen Spieler das Trikot zu tauschen. England gewann 1:0, Wembley, 23. Juli 1966. Ramsey entschuldigte sich später, dass er die Gegner „Tiere" genannt hatte.

Tirage de maillots 1. Alf Ramsey empêche son joueur George Cohen d'échanger son maillot avec un joueur argentin après un quart de finale de Coupe du monde sulfureux remporté par l'Angleterre 1-0 à Wembley, le 23 juillet 1966. Par la suite, Ramsey s'excusera d'avoir traité ses adversaires « d'animaux ».

Shirt tugging 2. Mario João of Benfica loses his shirt to fans after the European Cup semi-final against Spurs, White Hart Lane, 6 April 1962.

Trikotziehen zum Zweiten. Mario João von Benfica Lissabon verliert sein Hemd an Fans nach dem Europapokalhalbfinale gegen die Spurs, White Hart Lane, 6. April 1962.

Tirage de maillots 2. Mario João, le joueur de Benfica, s'est fait arracher son maillot par des supporters après la demi-finale de Coupe d'Europe contre les Spurs à White Hart Lane, le 6 avril 1962.

Trials of a referee 1. Silveiro, captain of Boca Juniors, restrains his team-mate Alfredo Rojas (right) during their Argentine League match against Independiente, 4 May 1965.

Leiden eines Schiedsrichters zum Ersten. Silveiro, Mannschaftskapitän der Boca Juniors, besänftigt seinen Mannschaftskameraden Alfredo Rojas (rechts) während eines Spiels gegen Independiente in der argentinischen Liga, 4. Mai 1965.

Des soucis pour l'arbitre 1. Silveiro, le capitaine des Boca Juniors s'efforce de contenir son coéquipier Alfredo Rojas (à droite) lors d'un match de championnat argentin face à Independiente, le 4 mai 1965.

Trials of a referee 2. Police and stewards escort Herr Kreitlein of West Germany from the Wembley pitch during the England v. Argentina World Cup tie, 23 July 1966. Kreitlein had ordered Antonio Rattin off the pitch, but the Argentine captain refused to go. It took eleven minutes to restore order.

Leiden eines Schiedsrichters zum Zweiten. Polizei und Ordner eskortieren den westdeutschen Schiedsrichter Kreitlein im Wembleystadion vom Spielfeld, beim WM-Spiel England gegen Argentinien am 23. Juli 1966. Kreitlein hatte Antonio Rattin des Feldes verwiesen, aber der argentinische Mannschaftskapitän weigerte sich zu gehen. Es dauerte elf Minuten, bis die Ordnung wiederhergestellt war.

Des soucis pour l'arbitre 2. L'arbitre ouest-allemand M. Kreitlein est escorté par la police et le service d'ordre de Wembley durant la rencontre de coupe du monde entre l'Angleterre et l'Argentine, le 23 juillet 1966. M. Kreitlein avait expulsé Antonio Rattin mais le capitaine argentin refusait de quitter la pelouse. Cela prit onze minutes pour rétablir l'ordre.

7. The media take over
Die Medien übernehmen
L'arrivée des médias

An all-England final. Alan Mullery, captain of Tottenham Hotspur, holds the UEFA Cup after Spurs drew 1-1 with Wolverhampton Wanderers, to win the trophy 3-2 on aggregate, White Hart Lane, 17 May 1972. Mullery scored the decisive goal with a header from a Martin Peters free kick.

Ein rein englisches Finale. Alan Mullery, Mannschaftskapitän von Tottenham Hotspur, hält den UEFA-Pokal nach dem 1:1 im Rückspiel gegen Wolverhampton Wanderers, das nach dem 2:1-Hinspielsieg zum Gewinn der Trophäe reichte. White Hart Lane, 17. Mai 1972. Mullery erzielte das entscheidende Tor per Kopf nach einem Freistoß von Martin Peters.

Une finale cent pourcent anglaise. Alan Mullery, le capitaine de Tottenham Hotspur, serre la Coupe de l'UEFA après le match nul (1-1) obtenu par son équipe face aux Wolverhampton Wanderers et qui permet à Tottenham de s'imposer 3 buts à 2 sur l'ensemble des deux rencontres à White Hart Lane, le 17 mai 1972. Mullery a marqué de la tête le but de la victoire, sur un coup franc de Martin Peters.

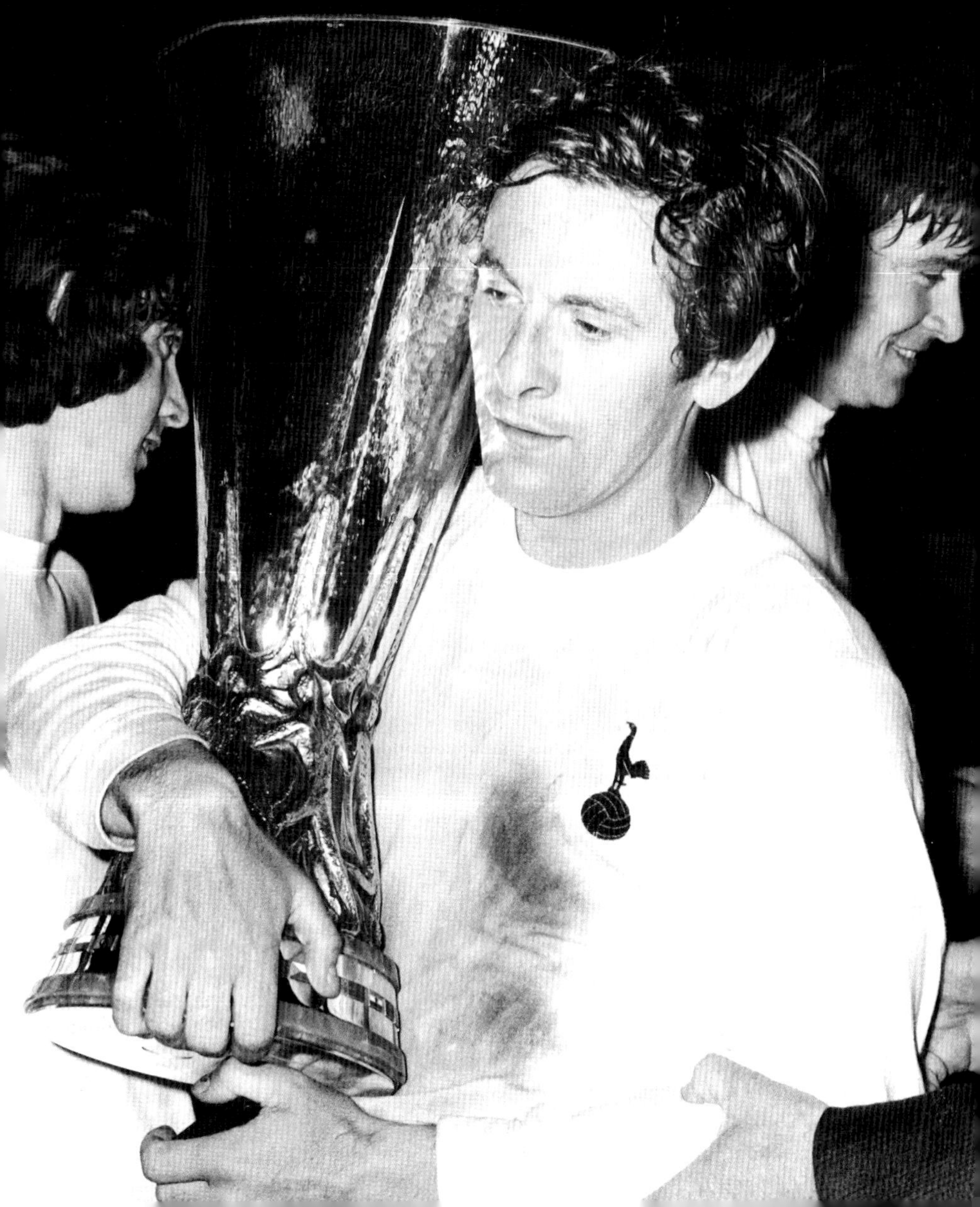

By the 1970s, soccer had become the most highly publicised game in the world. Press, TV and radio clamoured for the right to cover big games and for the chance to invade the privacy of the big players. In the 1970 World Cup, television companies put such pressure on the Mexican authorities that the kick-off times for matches were changed to suit European broadcasting schedules, so that play started at noon, local time, when heat and humidity were at their worst for the players.

This was the age when teams' shirts carried sponsors' logos; when giant TV screens first displayed action replays, to the discomfort of referees; when the peccadilloes of players and managers became front page news.

The decade belonged to Germany. West Germany won the European Championship in 1971-2 and 1979-80, and the World Cup in 1974. Bayern Munich won the European Cup three years running (1974, 1975 and 1976). Borussia Mönchengladbach won the UEFA Cup in 1975 and 1979. But the player of the decade was a Dutchman, Johan Cruyff, voted European Footballer of the Year in 1971, 1973 and 1974. And, as the Seventies came to an end, an Argentine teenager named Diego Maradona was voted South American Footballer of the Year.

Mit den 70er Jahren war Fußball in der öffentlichen Berichterstattung zum bedeutendsten Spiel der Welt geworden. Die Presse, das Fernsehen und der Rundfunk stritten heftig um die Rechte für die Berichterstattung oder Übertragung bei großen Spielen und um Möglichkeiten, Zugang zur Privatsphäre großer Spieler zu erlangen. Bei der Weltmeisterschaft 1970 übten die Fernsehgesellschaften einen solchen Druck auf die mexikanischen Behörden aus, dass die Anstoßzeiten der Spiele den Programmplänen der europäischen Sendeanstalten angepasst wurden, so dass Spiele um 12 Uhr mittags Ortszeit angepfiffen wurden, einer Zeit, zu der Hitze und Feuchtigkeit den Spielern am schlimmsten zusetzten.

Es war die Epoche, in der Mannschaften die Logos ihrer Sponsoren aufs Trikot nahmen, in der – zum großen Unbehagen der Schiedsrichter – riesige Bildschirme erstmals „Replays" zeigten, Szenenwiederholungen, und in der die kleinen Verfehlungen von Spielern und Klubpräsidenten begannen, Schlagzeilen zu machen.

Das Jahrzehnt gehörte Deutschland. Die Bundesrepublik gewann die Europameisterschaft 1972 und 1980 und die Weltmeisterschaft 1974. Bayern München gewann den Europapokal drei Jahre in Folge (1974, 1975 und 1976). Borussia Mönchengladbach gewann den UEFA-Pokal 1975 und 1979. Dennoch war der Spieler des Jahrzehnts ein Holländer: Johan Cruyff, der 1971, 1973 und 1974 zum Europäischen Fußballer des Jahres gewählt wurde. Und als die 70er endeten, wurde ein argentinischer Teenager namens Diego Maradona zum südamerikanischen Fußballer des Jahres gewählt...

À l'aube des années soixante-dix, le football était déjà le jeu le plus diffusé par les médias. La presse écrite, la télévision et la radio s'arrachaient le droit de couvrir les principales rencontres et s'efforçaient de pénétrer l'intimité des plus grands champions. Lors de la Coupe du monde de 1970, les chaînes de télévision exercèrent une telle pression sur les autorités mexicaines que celles-ci furent obligées de modifier les horaires des matches afin de s'adapter aux exigences des télévisions européennes. Les matches débutèrent donc à midi, heure locale, dans des conditions de chaleur et d'humidité loin d'être idéales pour les joueurs.

À cette époque, les logos de sponsors étaient déjà visibles sur les maillots des joueurs, les écrans géants diffusant les ralentis des principales actions faisaient leur apparition au grand dam des arbitres et les écarts des joueurs et des entraîneurs s'affichaient en première page des journaux.

Les années soixante-dix restent marquées par la domination de l'Allemagne. L'Allemagne de l'Ouest remporta le championnat d'Europe des nations en 1971-72 et en 1980 ainsi que la Coupe du monde en 1974. Le Bayern de Munich remporta la Coupe d'Europe des clubs champions trois fois de suite (en 1974, 1975 et 1976) et le Borussia de Mönchengladbach s'adjugea à deux reprises la Coupe de l'UEFA, en 1975 et en 1979. Toutefois, le joueur le plus talentueux de la décennie fut le hollandais Johan Cruyff, élu meilleur joueur européen en 1971, 1973 et 1974. Puis, la fin des années soixante-dix vit l'émergence d'un jeune surdoué argentin du nom de Diego Maradona, qui fut désigné meilleur joueur d'Amérique du Sud.

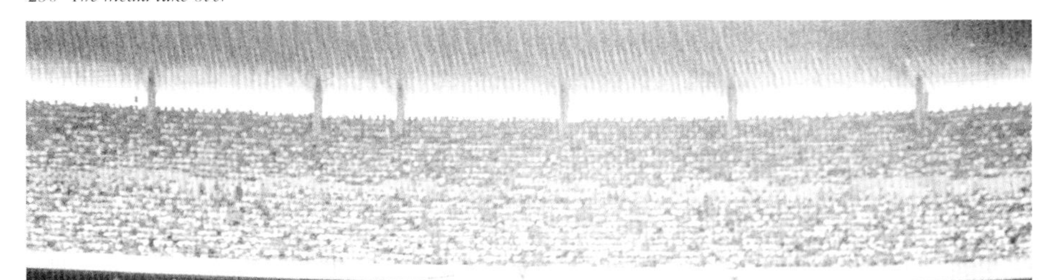

And that makes three ... Jairzinho of Brazil sweeps past Albertosi, the Italian goalkeeper, in the World Cup Final, Aztec Stadium, Mexico City, 21 June 1970. Jairzinho became the first player to score in every round of a World Cup.

Und schon sind's drei ... der Brasilianer Jairzinho umkurvt den italienischen Torhüter Albertosi im Weltmeisterschaftsendspiel im Aztekenstadion, Mexiko Stadt, 21. Juni 1970. Jairzinho wurde der erste Spieler, der in jeder Runde eines Weltmeisterschaftsturniers Treffer erzielte.

Et de trois ... Jairzinho le Brésilien échappe au gardien italien Albertosi en finale de la Coupe du monde au Stade Aztèque de Mexico, le 21 juin 1970. Jairzinho devenait ainsi le premier joueur à avoir marqué à chacune des phases d'une Coupe du monde.

The agony of victory. Pelé weeps after Brazil have beaten Italy 4-1 in the World Cup Final, 1970. Pelé had scored the first of Brazil's goals with a spectacular header. It was their third World Cup triumph.

Schmerz des Sieges. Pelé weint nach Brasiliens 4:1-Sieg über Italien im WM-Finale 1970. Pelé hatte mit einem spektakulären Kopfball den ersten Treffer für seine Mannschaft erzielt. Für Brasilien war es der dritte Weltmeistertitel.

Une victoire dans la douleur pour Pelé après avoir battu l'Italie par 4 buts à 1 lors de la finale de la Coupe du monde en 1970. Pelé avait marqué le premier but pour le Brésil d'une tête spectaculaire. Le Brésil remportait le trophée pour la troisième fois.

Big club, big cup. The Santiago Bernabeu Cup. Like the Madrid Stadium, it was named after the man who was, in turn, player, captain, secretary, coach and finally president of Real Madrid.

Großer Verein, großer Pokal. Der Santiago-Bernabeu-Pokal. Wie das Stadion in Madrid wurde er nach dem Mann benannt, der nacheinander Spieler, Mannschaftskapitän, Geschäftsführer, Trainer und schließlich Vereinspräsident von Real Madrid war.

Une grosse coupe pour un grand club. La Coupe Santiago Bernabeu, à l'instar du stade madrilène, portait le nom de celui qui avait assumé dans le club, tour à tour, les fonctions de joueur, capitaine, secrétaire puis entraîneur et enfin président du Real de Madrid.

Small business, small profits. A street trader in Puebla, Mexico, sets out his stall long before the start of the World Cup competition, 18 March 1970. The commercial spin-offs from soccer were rapidly growing.

Kleines Geschäft, kleiner Gewinn. Ein Straßenhändler in Puebla, Mexiko, hat lange vor Beginn der Weltmeisterschaft seinen Stand aufgeschlagen, 18. März 1970. Am Rande des Fußballs ließen sich immer größere Gewinne machen.

Le petit commerce génère de petits profits. Ici, un marchand de Puebla, au Mexique, s'installe dès le 18 mars 1970, bien avant le début de la Coupe du monde. Le commerce des produits dérivés du football était alors en plein essor.

(Left) Brazilian players limber up between games in the World Cup, West Germany, 1 July 1974. The player at the front of the column is Luiz Pereira. (Above) Members of the England squad in training before a World Cup qualifying game against Italy, 12 November 1976. The players are (from left) Ray Clemence, Trevor Brooking, Kevin Keegan and Mick Channon. Five days later, England lost 2-0 in Rome.

(Links) Brasilianische Spieler bei Lockerungsübungen zwischen den Spielen der Weltmeisterschaft in der Bundesrepublik Deutschland, 1. Juli 1974. Der Spieler ganz vorne ist Luiz Pereira. (Oben) Spieler der englischen Nationalmannschaft beim Training vor einem WM-Qualifikationsspiel gegen Italien, 12. November 1976. Die Spieler sind (von links nach rechts) Ray Clemence, Trevor Brooking, Kevin Keegan und Mick Channon. Fünf Tage später verlor England 0:2 in Rom.

(À gauche) Les joueurs brésiliens à l'assouplissement entre deux rencontres de Coupe du monde en Allemagne de l'Ouest, le 1er juillet 1974. Le joueur au premier rang est Luiz Pereira. (Ci-dessus) Les joueurs de l'équipe d'Angleterre à l'entraînement avant un match de qualification pour la Coupe du monde contre l'Italie, le 12 novembre 1976. Les joueurs sont, de gauche à droite, Ray Clemence, Trevor Brooking, Kevin Keegan et Mick Channon. Cinq jours plus tard, l'Angleterre s'inclinait à Rome sur le score de 2-0.

FA Cup Final replay, Old Trafford, 25 April 1970. Peter Osgood rises above Leeds United's Terry Cooper. He headed the first goal, David Webb scored in extra time and Chelsea won 2-1. The King's Road was said to be 'awash with dancing supporters'.

Neuauflage des Pokalfinales, Old Trafford, 25. April 1970. Peter Osgood steigt höher als Terry Cooper von Leeds United. Er köpfte das erste Tor, David Webb traf in der Verlängerung und Chelsea gewann 2:1. Die King's Road, so hieß es, „war überschwemmt mit tanzenden Anhängern".

Finale de la Cup rejouée à Old Trafford, le 25 avril 1970. Peter Osgood s'élève plus haut que Terry Cooper, le joueur de Leeds United. Il marqua le but de la tête et David Webb inscrivit durant les prolongations le but de la victoire pour Chelsea, qui l'emportait 2-1. On raconte que King's Road fut « submergée de supporters en liesse ».

Until the 1970s, Chelsea had long been regarded as a 'joke' side, but the determination and ability of such players as Scottish midfielder Charlie Cooke put an end to further frivolity.

Bis zu den 70er Jahren war Chelsea lange als „Witzmannschaft" verschrien, aber die Entschlossenheit und Fähigkeit von Spielern wie dem schottischen Mittelfeldspieler Charlie Cooke schoben weiteren Anzüglichkeiten einen Riegel vor.

Jusque dans les années soixante-dix, l'équipe de Chelsea n'était pas prise très au sérieux mais la détermination et les qualités de joueurs comme le milieu de terrain écossais Charlie Cooke surent mettre un terme à cette réputation.

Charlie George (prone) clinches the Double, Wembley, 8 May 1971. His goal against Liverpool won the FA Cup for Arsenal who were already League Champions. But it was this game that led the press to dub the club 'Boring, boring Arsenal'.

Charlie George (auf dem Rücken) umarmt das Double, Wembley, 8. Mai 1971. Sein Tor gegen Liverpool brachte Arsenal den Pokal ein, nachdem die Mannschaft bereits Meister war. Aber es war dieses Spiel, das die Presse dazu brachte, den Klub das „sterbenslangweilige Arsenal" zu nennen.

Charlie George (allongé) réalise le doublé à Wembley, le 8 mai 1971. Son but contre Liverpool lui permet de remporter la Cup avec Arsenal, déjà champion en titre. C'est pourtant à la suite de cette rencontre que le jeu d'Arsenal fut qualifié par la presse de « terriblement ennuyeux ».

Bill Shankly's last big day with Liverpool. Jubilant fans mob the Liverpool manager after his team beat Leeds United in the FA Charity Shield at Wembley, 10 August 1974. Shankly had retired at the end of the previous season.

Bill Shanklys letzter großer Tag bei Liverpool. Jubilierende Fans bedrängen den Trainer, nachdem seine Mannschaft Leeds United im Charity-Shield-Spiel im Wembleystadion geschlagen hat, 10. August 1974. Shankly hatte am Ende der Saison seinen Rücktritt erklärt.

Le dernier jour de gloire de Bill Shankly avec Liverpool. Les supporters en liesse entourent l'entraîneur de Liverpool après la victoire de son équipe face à Leeds United dans la Charity Shield à Wembley, le 10 août 1974. Shankly s'était retiré du football à la fin de la saison précédente.

ROMA
ROMA

(Left) Liverpool fans on the terraces of the Olympic Stadium, Rome, 25 March 1977. 'The Kop moved lock, stock and barrel to Rome', reported *The Sunday Times*, and saw Liverpool beat Borussia Mönchengladbach 3-1 in the European Cup Final. (Above) Tea break. Two Newcastle United fans brew up outside Wembley before the Cup Final, 4 May 1974. Their team lost 3-0 to Liverpool.

(Links) Liverpooler Fans auf den Rängen des Olympiastadions in Rom, 25. März 1977. „Der Tross zog mit Sack und Pack nach Rom", berichtete die *Sunday Times* und wurde Zeuge, wie Liverpool Borussia Mönchengladbach 3:1 im Europapokalfinale besiegte. (Oben) Teepause. Zwei Fans von Newcastle United brühen sich vor dem Wembleystadion ein Tässchen auf, vor dem Pokalfinale, 4. Mai 1974. Ihr Verein verlor 0:3 gegen Liverpool.

(À gauche) Les supporters de Liverpool sur les gradins du stade Olympique de Rome, le 25 mars 1977. « Le Kop tout entier était là », selon le *Sunday Times*, pour voir Liverpool battre le Borussia de Mönchengladbach 3-1 en finale de la Coupe d'Europe. (Ci-dessus) C'est l'heure du thé pour ces deux supporters de Newcastle United, avant la finale de la Cup à Wembley, le 4 mai 1974. Leur équipe s'inclinera 0-3 face à Liverpool.

(Left) Off duty. Johan Cruyff relaxes with his Ajax team-mates before a European Cup tie with Arsenal, 22 March 1972. After beating Arsenal, Ajax went on to win the Cup as they had done in 1971 and would do again in 1973. (Above) On duty. Now at Barcelona, Cruyff runs at Ipswich's Stirk in another European tie, November 1977.

(Links) Außer Dienst. Johan Cruyff entspannt sich vor einem Europapokalspiel gegen Arsenal mit Mannschaftskameraden von Ajax Amsterdam, 22. März 1972. Nach dem Spiel gegen Arsenal gewann Ajax schließlich auch den Pokal, wie schon 1971 und dann wieder 1973. (Oben) Im Dienst. Cruyff, inzwischen beim FC Barcelona, attackiert Stirk von Ipswich bei einem weiteren Europapokalspiel, November 1977.

(À gauche) Jour de repos pour Johan Cruyff et ses coéquipiers de l'Ajax avant une rencontre de Coupe d'Europe face à Arsenal le 22 mars 1972. Vainqueur de l'édition 1971, l'Ajax devait également, après sa victoire sur Arsenal, remporter la Coupe d'Europe en 1972 ainsi qu'en 1973. (Ci-dessus) Un jour de match cette fois, Cruyff jouant pour Barcelone déborde Stirk, le joueur d'Ipswich, lors d'une autre rencontre de Coupe d'Europe en novembre 1977.

ATHLETA

(Left) Great expectations. Jairzinho gives a victory sign before the Brazil v. Holland World Cup tie, Dortmund, 3 July 1974. Holland won 2-0. (Above) Great celebrations. Franz Beckenbauer celebrates his thirtieth birthday, with his wife, Wilhelm Neudecker (President of Bayern Munich) (left), and former West German captain, Fritz Walter, 11 September 1975.

(Links) Große Hoffnung. Jairzinho zeigt vor dem WM-Spiel gegen Holland in Dortmund das Siegeszeichen, 3. Juli 1974. Holland aber gewann 2:0. (Oben) Große Huldigung. Franz Beckenbauer feiert seinen dreißigsten Geburtstag mit seiner Frau, Wilhelm Neudecker (Präsident von Bayern München, links) und dem Ehrenspielführer Fritz Walter, 11. September 1975.

(À gauche) Grandes espérances. Jairzinho fait le signe de la victoire avant la rencontre de Coupe du monde contre la Hollande à Dortmund, le 3 juillet 1974, remportée 2-0 par la Hollande. (Ci-dessus) Grandes réjouissances ce 11 septembre 1975 en l'honneur de Franz Beckenbauer qui fête son trentième anniversaire en compagnie de sa femme, de Wilhelm Neudecker (président du Bayern de Munich, à gauche) et de l'ancien capitaine de l'équipe d'Allemagne de l'ouest, Fritz Walter.

Winning captain ... Franz Beckenbauer, the 'Kaiser', is embraced by West Germany's manager, Helmut Schön, after his team have defeated Holland in the 'total football' World Cup Final at the Olympic Stadium, Munich, 7 July 1974.

Siegreicher Mannschaftskapitän ... Franz Beckenbauer, der „Kaiser", wird von seinem Trainer Helmut Schön umarmt, nachdem die Bundesrepublik die Niederlande im „Fußball-total"-WM-Finale im Olympiastadion in München geschlagen hat, 7. Juli 1974.

Un capitaine victorieux. Franz Beckenbauer, dit « le Kaiser », dans les bras de Helmut Schön, après la victoire de son équipe face à la Hollande au terme d'une finale de Coupe du monde de « football total » au stade Olympique de Munich, le 7 juillet 1974.

... losing captain. Johan Cruyff directs the Dutch team, 1972. He began his career with Ajax in 1957 at the age of ten. His mother was a cleaner at the club and persuaded them to give her son a trial.

... unterlegener Mannschaftskapitän. Johan Cruyff dirigiert die holländische Mannschaft, 1972. Er begann seine Karriere 1957 im Alter von zehn Jahren bei Ajax. Seine Mutter überredete den Verein, für den sie putzte, mit ihrem Sohn einen Versuch zu machen.

Un capitaine malheureux. Johan Cruyff est aux commandes de l'équipe de Hollande en 1972. Il commença sa carrière à l'Ajax en 1957 alors qu'il était âgé de dix ans seulement. Sa mère faisait partie du personnel d'entretien du club et parvint à convaincre l'entraîneur de donner une chance à son fils.

EAMONN MCCABE

Members of the West German team parade the FIFA World Trophy after the World Cup Final, Munich, 7 July 1974. Although Holland scored before Germany touched the ball, thanks to a penalty by Neeskens, goals by Breitner and Müller gave West Germany victory.

Mitglieder der deutschen Mannschaft mit dem FIFA-Pokal nach dem WM-Endspiel, München, 7. Juli 1974. Obwohl Holland dank eines Elfmeters von Neeskens bereits führte, bevor die Deutschen überhaupt an den Ball gekommen waren, wendeten Tore von Breitner und Müller das Blatt zugunsten der Bundesrepublik.

Des joueurs de l'équipe ouest-allemande font un tour d'honneur avec le trophée de la FIFA, au terme de la finale de la Coupe du monde disputée à Munich le 7 juillet 1974. Bien que la Hollande ait ouvert le score avant même que l'équipe d'Allemagne n'ait touché la balle, grâce à un penalty de Neeskens, les buts de Breitner et de Müller donnèrent la victoire à l'Allemagne.

DEUTSCHER FUSSBALL BUND

Heroes of the past. Giants of an earlier age gather at the Parc des Princes, Paris, for the European Cup Final, 28 May 1975. (Back row, from left) Marquitos, Busby, Muñoz, Keizer. (Front row, from left) Gento, Kopa, Augusto, Di Stefano, Puskas.

Helden der Vergangenheit. Giganten einer früheren Epoche treffen beim Europapokalfinale im Prinzenparkstadion in Paris zusammen, 28. Mai 1975. (Hintere Reihe von links nach rechts) Marquitos, Busby, Muñoz, Keizer. (Vorne, von links nach rechts) Gento, Kopa, Augusto, Di Stefano, Puskas.

Des héros d'un autre âge au Parc des Princes, à Paris, à l'occasion de la finale de la Coupe d'Europe, le 28 mai 1975. (Debout, de gauche à droite) Marquitos, Busby, Muñoz, Keizer. (Au premier rang, à partir de la gauche) Gento, Kopa, Augusto, Di Stefano, Puskas.

Heroes of the present. A phalanx of press photographers confronts the Italian national side at the Olympic Stadium, Rome, 1975.

Helden der Gegenwart. Eine Phalanx von Fotografen vor der italienischen Nationalmannschaft im Olympiastadion, Rom, 1975.

Des héros modernes. Une armada de photographes face à l'équipe d'Italie, au Stade olympique de Rome, en 1975.

Midfield players at full stretch in the French Cup Final between Auxerre and FC Nantes, Parc des Princes, Paris, 18 June 1979. FC Nantes went on to win the Cup for the first and only time in their history.

Mittelfeldspieler in voller Streckung beim französischen Pokalfinale zwischen Auxerre und FC Nantes, Prinzenparkstadion, Paris, 18. Juni 1979. Nantes gewann den Pokal zum ersten und einzigen Mal in der Vereinsgeschichte.

Des milieux de terrain en plein effort lors de la finale de la Coupe de France opposant Auxerre et le FC Nantes au Parc des Princes, à Paris, le 18 juin 1979. Pour la seule fois de son histoire, le FC Nantes s'adjugea le trophée.

Ray Kennedy does everything right save putting the ball in the net, England v. Switzerland, Wembley, 7 September 1977. The other England player is his Liverpool team-mate Terry McDermott. The game ended in a goalless draw.

Ray Kennedy macht alles richtig, außer den Ball im Netz zu versenken, England gegen die Schweiz, Wembley, 7. September 1977. Der andere englische Spieler ist sein Liverpooler Mannschaftskamerad Terry McDermott. Das Spiel endete torlos.

Ray Kennedy est irréprochable mais ne parvient pas à mettre la balle dans les filets lors d'une rencontre entre l'Angleterre et la Suisse disputée à Wembley, le 7 septembre 1977. L'autre joueur anglais est son coéquipier de Liverpool, Terry McDermott. La partie devait se solder par un score nul et vierge.

The agony ... John Wile of West Bromwich Albion shows strain and frustration during a losing FA Cup semi-final, 24 April 1978.

Das Leiden ... John Wile von West Bromwich Albion, voller Anspannung und Frustration während eines verlorenen Pokal-Halbfinales, 24. April 1978.

Le masque de la souffrance pour John Wile (West Bromwich Albion) dont le visage dit toute la tension et la frustration lors d'une demi-finale de Cup, perdue le 24 avril 1978.

... and the ecstasy. Pat Holland (left) and Trevor Brooking share a goblet of champagne after West Ham's victory over Eintracht Frankfurt in the semi-final of the European Cup Winners' Cup, April 1976. West Ham lost 4-2 to Anderlecht in the final.

... und die Freuden. Pat Holland (links) und Trevor Brooking teilen sich ein Glas Champagner nach dem Halbfinalsieg von West Ham über Eintracht Frankfurt im Europapokal der Pokalsieger, April 1976. Im Endspiel verlor West Ham 2:4 gegen Anderlecht.

Les visages détendus de Pat Holland (à gauche) et de Trevor Brooking qui partagent une coupe de champagne après la victoire de West Ham sur l'Eintracht de Francfort en demi-finale de Coupe d'Europe des vainqueurs de coupe, en avril 1976. West Ham devait s'incliner 2-4 en finale face à Anderlecht.

Cause ... Johan Cruyff, captain of Barcelona, argues with police after being sent off for disputing too many of the referee's decisions in the match with Malaga, 14 February 1975. It took the might of Franco's law enforcers to get Cruyff off the pitch.

Ursache ... Johan Cruyff, Mannschaftskapitän von Barcelona, streitet sich mit der Polizei, nachdem er wegen Herummeckerns an all zu vielen Entscheidungen des Schiedsrichters im Spiel gegen Malaga des Feldes verwiesen worden ist, 14. Februar 1975. Es bedurfte des Einsatzes von Francos Ordnungshütern, um Cruyff vom Platz zu bewegen.

Petites causes ... Johan Cruyff, le capitaine de Barcelone, discute avec les policiers après son expulsion pour avoir contesté les décisions de l'arbitre lors d'un match contre Malaga, le 14 février 1975. Il a fallu toute la force de persuasion des policiers franquistes pour faire sortir Cruyff.

... and effect. Barcelona player Antonio Olno (centre) and officials seek to protect the referee, Ricardo Melero, who sent Cruyff off. The behaviour of fans and players deteriorated in the 1970s.

... und Wirkung. Antonio Olno (Mitte) vom FC Barcelona und Offizielle versuchen den Schiedsrichter Ricardo Melero zu schützen, der Cruyff vom Platz gestellt hatte. Das Verhalten von Fans und Spielern verschlechterte sich in den 70ern.

... lourdes conséquences. Le joueur de Barcelone Antonio Olno (au centre) et les officiels tentent de protéger l'arbitre Ricardo Melero, qui vient d'expulser Cruyff. Le comportement des supporters et des joueurs s'est nettement dégradé dans les années soixante-dix.

The Tartan Army. Scottish fans demolish a Wembley goal after Scotland beat England 2-1, 4 June 1977. Fans grabbed pieces of Wembley turf, splinters from the goal posts and took these 'holy relics' back to Scotland. Over twenty years later, many still see it as the greatest moment in their lives.

Die Tartan-Armee. Schottische Fans demolieren ein Tor im Wembleystadion, nachdem Schottland England 2:1 geschlagen hat, 4. Juni 1977. Sie gruben Stücke des Rasens aus und brachen Späne vom Holz der Torpfosten, um diese „Reliquien" mit nach Schottland zu nehmen. Nach mehr als zwanzig Jahren ist es für viele von ihnen noch immer der größte Tag ihres Lebens.

Une armée en kilt. Les supporters écossais démolissent un but sur la pelouse de Wembley après la victoire de leur équipe face à l'Angleterre sur le score de 2-1, le 4 juin 1977. Les supporters ont prélevé des parties entières de pelouse, des morceaux de montants des buts, ramenant ces «saintes reliques» en Écosse. Vingt ans plus tard, nombreux sont ceux qui estiment avoir vécu ce jour-là les meilleurs moments de leur vie.

The long legs of the law. A policeman (in regulation trousers) grabs a young fan (in flares) during pre-match excitement at White Hart Lane in the mid-Seventies. But Spurs were no longer the force they had been in the 1960s.

Das lange Bein des Gesetzes. Ein Polizist (in vorschriftsmäßiger Hose) greift sich einen Fan (in Schlaghosen) während Turbulenzen vor einem Spiel an der White Hart Lane, Mitte der 70er. Aber die Spurs waren nicht mehr die Macht, die sie in den 60ern gewesen waren.

La justice a le bras long. Un policier en uniforme attrape un jeune supporter (en pantalon à pattes d'éléphant) avant un match à White Hart Lane, dans le milieu des années soixante-dix. Les Spurs n'avaient toutefois plus le niveau de l'équipe des années soixante.

Devoted followers 1. Ray Williams lays bare his support for West Ham United in the run-up to the FA Cup Final, May 1975.

Treue Anhänger zum Ersten. Ray Williams lässt nackte Tatsachen für seine Unterstützung von West Ham United im Kampf um einen Platz im Pokalfinale sprechen, Mai 1975.

Fidèles supporters I. Ray Williams porte à même la peau son attachement pour West Ham United avant la finale de la Cup, en mai 1975.

Devoted followers 2. Putting his weight behind the club, one of Arsenal's biggest supporters en route to Wembley, 12 May 1979. Later that day Arsenal beat Manchester United 3-2 in the FA Cup Final.

Treue Anhänger zum Zweiten. Einer der dicksten Freunde von Arsenal wirft sein Gewicht in die Waagschale, auf dem Weg ins Wembleystadion, 12. Mai 1979. Arsenal schlug dann Manchester United 3:2 im Pokalfinale.

Fidèles supporters 2. L'un des plus gros supporters, soutenant le club de tout son poids, en route vers Wembley, le 12 mai 1979. Un peu plus tard, Arsenal devait s'imposer face à Manchester United en finale de la Cup sur le score de 3-2.

From the salons of the Seventies, a gallery of footballers'(dreadful) hair-styles. (Above) Gerry Francis (left) and Mike Flanagan; (right, clockwise from top) Joe Jopling, Paul Went, Sean Haslegrave, and Stephen Golding.

Die Figaros der 70er und der Fußball – eine Galerie von (scheußlichen) Frisuren. (Oben) Gerry Francis (links) und Mike Flanagan; (rechts, von oben im Uhrzeigersinn) Joe Jopling, Paul Went, Sean Haslegrave und Stephen Golding.

Tout droit sortis des salons de coiffure, ces footballeurs arborent des coupes plus épouvantables les unes que les autres. (Ci-dessus, dans le sens des aiguilles d'une montre) Gerry Francis et Mike Flanagan. (Ci-contre, de gauche à droite et de haut en bas) Joe Jopling, Paul Went, Sean Haslegrave et Stephen Golding.

Argentina'78

(Left) Misleading sign. A Swiss supporter parades his hopes that his country will qualify for the World Cup finals in Argentina, 7 May 1978. It was not to be. (Above) Leading sign. The scoreboard at the River Plate Stadium, Buenos Aires, at the end of the World Cup Final, 4 July 1978. Argentina beat Holland 3-1, with two goals by Kempes and one by Bertoni.

(Links) Falsche Zeichensetzung. Ein Schweizer Fan bringt seine Hoffnung zum Ausdruck, dass sein Land sich für die Endrunde der Weltmeisterschaft in Argentinien qualifizieren wird, 7. Mai 1978. Es sollte nicht sein. (Oben) Richtige Zeichensetzung. Die Anzeigetafel im River-Plate-Stadion in Buenos Aires nach Abpfiff des Endspiels am 4. Juli 1978. Argentinien schlug Holland 3:1, mit zwei Toren von Kempes und einem von Bertoni.

(À gauche) Des espoirs déçus pour ce supporter suisse qui affiche son soutien pour la qualification de son équipe à la phase finale de la Coupe du monde en Argentine, le 7 mai 1978. Finalement, la Suisse n'obtint pas son billet pour l'Argentine. (Ci-dessus) Une attente comblée. Le tableau d'affichage du stade de River Plate, à Buenos Aires, à la fin de la finale de la Coupe du monde, le 4 juillet 1978. L'Argentine venait de s'imposer face à la Hollande sur le score de 3-1, grâce à deux buts de Kempes et un de Bertoni.

The darling of Celtic Park and Anfield. Kenny Dalglish's shot is blocked by Larry Lloyd, while Frank Clark (right) looks on. Liverpool and Nottingham Forest drew 0-0 in this League Cup Final at Wembley, 18 March 1978. Forest won the replay 1-0.

Der Liebling von Celtic Park und Anfield. Kenny Dalglishs Schuss wird von Larry Lloyd abgeblockt, während Frank Clark (rechts) zusieht. Liverpool und Nottingham Forest spielten torlos unentschieden in diesem Ligapokalfinale im Wembleystadion, 18. März 1978. Forest gewann das Wiederholungsspiel 1:0.

Le chouchou du Celtic Park et d'Anfield. Ce tir de Kenny Dalglish est contré par Larry Lloyd, sous le regard de Frank Clark (à droite). Liverpool et Nottingham Forest ne parvinrent pas à se départager (0-0) pour cette finale de la Coupe de la Ligue jouée à Wembley le 18 mars 1978. Le match fut donc rejoué et Nottingham Forest l'emporta sur le score de 1-0.

Kenny Dalglish, 13 August 1977. It was a golden year for his club, Liverpool, who won the English League and the European Cup, and were FA Cup finalists.

Kenny Dalglish, 13. August 1977. Es war ein goldenes Jahr für seinen Verein Liverpool, der die englische Meisterschaft und den Europapokal gewann und im englischen Pokal das Endspiel erreichte.

Kenny Dalglish, le 13 août 1977. Une année faste pour son club de Liverpool qui remporta le championnat, la Coupe d'Europe et parvint jusqu'en finale de la Cup.

Phil Thompson waves the banner of triumph after Liverpool beat FC Bruges 1-0 in the European Cup Final, 11 May 1978.

Phil Thompson schwenkt das Banner des Triumphs, nachdem Liverpool im Europapokalfinale den FC Brügge 1:0 geschlagen hat, 11. Mai 1978.

Phil Thompson agite le drapeau de la victoire, Liverpool s'étant imposé 1-0 face au FC Bruges en finale de la Coupe d'Europe, le 11 mai 1978.

Jubilant fans throw one of their heroes in the air after IFK Gothenburg win the Swedish Cup in 1979. Three years later, the Angels, as they were nicknamed, won the UEFA Cup.

Jubilierende Fans werfen einen ihrer Helden in die Höhe, nachdem der IFK Göteborg den schwedischen Pokal 1979 gewonnen hat. Drei Jahre später gewannen die Engel, wie sie genannt wurden, den UEFA-Pokal.

Une foule en liesse célèbre un des héros après la victoire de l'IFK de Göteborg en Coupe de Suède 1979. Trois ans plus tard, « les Anges » (surnom de l'équipe) remportaient la Coupe de l'UEFA.

10

(Left) Entrance of the boy wonder. Nineteen-year-old Diego Maradona had already played for Argentina when this picture was taken in 1979. (Above) The master's final bow. Pelé's last game for Santos was on 1 April 1974. He had made his League debut for the club in 1955, at the age of fifteen.

(Links) Auftritt des Wunderknaben. Der 19-jährige Diego Maradona hatte bereits für Argentinien gespielt, als dieses Bild 1979 aufgenommen wurde. (Oben) Die Abschiedsverbeugung des Meisters. Pelés letztes Spiel für Santos am 1. April 1974. Er war 1955 im Alter von fünfzehn Jahren erstmals für den Verein aufgelaufen.

(À gauche) L'entrée en piste du phénomène. Diego Maradona, ici âgé de dix-neuf ans, avait déjà joué dans la sélection d'Argentine au moment où cette photo fut prise, en 1979. (Ci-dessus) Les adieux du maître. Dernier match de Pelé pour Santos, le 1er avril 1974. Il avait fait ses débuts pour le club lors d'un match de championnat en 1955, à l'âge de quinze ans.

8. A tragic decade
Jahrzehnt der Tragödien
Une décennie tragique

The player of the decade. Diego Maradona of Argentina takes on what appears to be the entire Belgian defence in a World Cup tie in Spain, 1 July 1982. Belgium managed to thwart him and win the match 1-0.

Der Spieler des Jahrzehnts. Diego Maradona, Argentinien, allein gegen die offenbar vollzählig versammelte belgische Abwehr bei einem Weltmeisterschaftsspiel in Spanien, 1. Juli 1982. Belgien bekam ihn in den Griff und gewann das Spiel 1:0.

L'argentin Diego Maradona fut sans doute le joueur le plus marquant des années quatre-vingt. Il semble faire face ici à toute la défense belge, lors d'une rencontre de Coupe du monde en Espagne, le 1er juillet 1982. Les Belges parvinrent toutefois à le contrer et finirent par s'imposer 1-0.

The increasing coverage given to soccer in the world's media and the swelling importance nations attached to the performance and status of their teams were features of the 1980s. Some people thought football had ceased to be a game. It had become almost war. Cynics claimed it had become more important than war. For developing countries, qualifying for the World Cup meant enormous publicity and a prominent place on the world map. For the old soccer powers, failing to qualify crippled national pride. There were some 'firsts'. Graeme Souness signed Catholic players for Glasgow Rangers. The first plastic pitch was created. Soccer had its first streaker – Variania Scotney – who sprinted across the Highbury turf and on to page 3 of *The Sun*. But the 1980s was a sad decade for soccer. Hooliganism reached a rotten peak. Racism fouled the terraces. Managers made the headlines for all the wrong reasons. And three hammer blows of tragedy shook the entire soccer world. On 11 May 1985, 56 people were killed when a stand caught fire at Bradford City. The same day a boy was killed when a wall collapsed at Birmingham City. Eighteen days later, 39 people were killed and 400 injured when Liverpool fans charged Juventus fans at the Heysel Stadium in Brussels. In 1989, 95 people were crushed to death in the overcrowded stadium at Hillsborough. Football was in need of a comprehensive review.

Der immer breitere Raum, den der Fußball in den Medien der Welt einnahm, und der gesteigerte Wert, den Nationen auf die Leistung und den Status ihrer Teams legten, waren hervorstechende Züge des Fußballs der 80er Jahre. Manche glaubten, Fußball habe aufgehört, ein Spiel zu sein. Fast war er schon ein Krieg. Zyniker meinten, er sei bereits wichtiger als Krieg. Für Entwicklungsländer bedeutete die Qualifikation für die Endrunde der Weltmeisterschaft enorme Publizität einen wichtigen Platz auf der Weltkarte. Für die alten Fußballmächte bedeutete ein Versagen in der Qualifikation einen vernichtenden Schlag für den Nationalstolz. Es gab wieder einige „erste Male". Graeme Souness nahm katholische Spieler bei den Glasgow Rangers unter Vertrag. Der erste Kunstrasen wurde entwickelt. Der Fußball hatte seine erste „Flitzerin" – Variania Scotney –, die über den Rasen von Highbury sprintete und auf Seite 3 des Boulevardblattes *The Sun* landete. Aber die 80er Jahre waren ein trauriges Jahrzehnt für den Fußball. Das Rowdytum der Hooligans schwang sich zu unrühmlichen Gipfelleistungen auf. Rassismus verseuchte die Ränge. Manager gerieten aus den denkbar falschesten Gründen in die Schlagzeilen. Und drei tragische Schläge erschütterten die gesamte Welt des Fußballs. Am 11. Mai 1985 kamen 56 Menschen ums Leben, als eine Tribüne in Bradford City Feuer fing. Am selben Tag starb ein Junge, als in Birmingham City eine Mauer nachgab. Achtzehn Tage später wurden 39 Menschen getötet und 400 verletzt, als Liverpooler Fans mit Fans von Juventus Turin im Heysel-Stadion in Brüssel aneinander gerieten. Und 1989 wurden in Hillsborough 95 Menschen im überfüllten Stadion erdrückt. Der Fußballsport bedurfte einer gründlichen Revision.

Le retentissement médiatique croissant du football et l'importance grandissante accordée par tous les pays aux performances de leur équipe nationale sont caractéristiques des années quatre-vingt. Certains disaient que le football avait cessé d'être un jeu et s'apparentait de plus en plus à la guerre. Les esprits cyniques avançaient même que le football avait supplanté la guerre. Pour les pays en développement, une qualification pour une Coupe du monde représentait une publicité considérable et l'assurance d'une place de premier choix sur l'échiquier mondial. Pour les vieilles nations de football, en revanche, tout échec était synonyme de traumatisme national. Il y eut quelques nouveautés. Graeme Souness engagea des joueurs catholiques dans l'équipe des Glasgow Rangers. Le premier terrain synthétique fut construit. À Highbury, pour la première fois, on vit courir une personne (Variania Scotney) dans le plus simple appareil, la scène fut immortalisée en page 3 du *Sun*. Mais les années quatre-vingt restent une période sombre pour le football. Le hooliganisme atteint des proportions inégalées. Dans les gradins, le racisme faisait des ravages et les entraîneurs apparaissaient en première page des journaux pour des actes qui n'avaient pas grand-chose à voir avec le football. Trois drames endeuillèrent le monde du football. Le 11 mai 1985, 56 personnes trouvèrent la mort dans l'incendie d'une tribune à Bradford City. Le même jour, un jeune garçon fut tué par l'effondrement d'un mur à Birmingham City. Dix-huit jours plus tard, 39 personnes périssaient et quatre cents autres étaient blessées à la suite d'une charge des supporters de Liverpool sur ceux de la Juventus au stade du Heysel, à Bruxelles. En 1989, dans un stade plein à ras bord à Hillsborough, 95 personnes périrent dans une bousculade. Il était temps pour le football de procéder à un examen critique en profondeur.

A great victory for the Scots but not for Scotland. (Left to right) Graeme Souness, Kenny Dalglish and Alan Hansen with the European Cup after Liverpool defeat Real Madrid 1-0 at the Parc des Princes, Paris, 28 May 1981.

Ein großer Sieg für Schotten, aber nicht für Schottland. (Von links nach rechts) Graeme Souness, Kenny Dalglish und Alan Hansen mit dem Europapokal, nachdem Liverpool Real Madrid 1:0 im Prinzenparkstadion geschlagen hat, Paris, 28. Mai 1981.

Une victoire historique pour ces Écossais mais pas pour l'Écosse. (De gauche à droite) Graeme Souness, Kenny Dalglish et Alan Hansen brandissent la Coupe d'Europe après la victoire 1-0 de Liverpool sur le Real de Madrid au Parc des Princes, le 28 mai 1981.

(Above) Geoff Pike, in dark strip (fifth from left), looks on as his team-mate Paul Goddard (fourth from left) scores for West Ham United against the Romanian club Politehnica Timisoara in the European Cup Winners' Cup, Upton Park, 23 October 1980. (Right) Later that evening ... Paul Goddard scores again.

(Oben) Geoff Pike, im dunklen Trikot (fünfter von links), sieht zu, wie sein Mannschaftskamerad Paul Goddard (vierter von links), für West Ham United gegen den rumänischen Verein Politehnica Timisoara in einem Spiel um den Pokal der Pokalsieger trifft, Upton Park, 23. Oktober 1980. (Rechts) Später am selben Abend ... Paul Goddard trifft abermals.

(Ci-dessus) Geoff Pike, en maillot foncé (cinquième joueur en partant de la gauche), regarde son coéquipier Paul Goddard (quatrième en partant de la gauche) marquer pour West Ham United face au club roumain du Politehnica Timisoara, lors d'un match de Coupe des vainqueurs de coupe disputé à Upton Park, le 23 octobre 1980. (À droite) Un peu plus tard, cette même soirée, Paul Goddard inscrit un nouveau but.

FRANK TEWKESBURY

FRANK TEWKESBURY

Penalty shoot-out. Pat Jennings of Arsenal (left) prepares to face the first, watched by Pereira of Valencia, Heysel Stadium, Brussels, 14 May 1980. Kempes missed the first penalty. Liam Brady missed the second. Eight successful kicks followed to make the score 4-4.

Elfmeterschießen. Pat Jennings von Arsenal (links) wappnet sich für den ersten Schuss, beobachtet von Pereira von Valencia, Heysel-Stadion, Brüssel, 14. Mai 1980. Kempes verschoß den ersten Elfmeter, Liam Brady den zweiten. Es folgten acht Treffer zum Stand von 4:4.

Tirs au but. Pat Jennings (à gauche), de l'équipe d'Arsenal, se prépare pour le premier penalty, sous le regard de Pereira (Valence) au stade du Heysel, à Bruxelles, le 14 mai 1980. Kempes manqua le premier penalty et Liam Brady le second. Les huit tirs suivants furent transformés en buts, les deux équipes se retrouvant à égalité 4-4.

The winning penalty. After Graham Rix misses for Arsenal, Arias scores from the spot and Valencia win the European Cup Winners' Cup 5-4.

Der Siegtreffer. Nachdem Graham Rix für Arsenal vergeben hat, verwandelt Arias seinen Strafstoß und Valencia gewinnt den Europapokal der Pokalsieger mit 5:4.

Le penalty de la victoire. Graham Rix vient d'échouer pour Arsenal et Arias transforme le sien, offrant à Valence la Coupe des vainqueurs de coupe, par 5 penaltys à 4.

MICHAEL KING

(Above) Hungry for knowledge. Hands reach out through the bars as the programme seller passes by. Everton v. Manchester United, 21 September 1986. Everton won 3-1. (Right) Inter's Bini seeks acclaim after scoring in the second leg of the European Cup semi-final, 23 April 1981. Unhappily for Inter, Real Madrid won 2-1 on aggregate.

(Oben) Hungrig nach Information. Hände werden durchs Gitter gestreckt, als die Programmheftverkäufer vobeikommen. Everton gegen Manchester United, 21. September 1986. Everton siegte 3:1. (Rechts) Bini von Inter Mailand wirbt um Beifall, nachdem er im Rückspiel des Europapokal-Halbfinales getroffen hat, 23. April 1981. Zum Unglück für Inter gewann Real Madrid die Spiele mit dem Gesamtergebnis von 2:1.

(Ci-dessus) Soif de connaissance des spectateurs de la rencontre Everton-Manchester United (21 septembre 1986), dont les bras se tendent à travers les grilles pour acheter le programme. La partie s'est achevée par la victoire d'Everton 3-1. (À droite) Bini, le joueur de l'Inter, cherche le soutien du public après son but lors de la deuxième manche de la demi-finale de Coupe d'Europe, le 23 avril 1981. Malheureusement pour l'Inter, c'est le Real de Madrid qui s'imposait 2-1 sur l'ensemble des deux rencontres.

Inter goalkeeper Alessandro Altobelli snatches the ball to thwart a Real Madrid attack during the European Cup semi-final, 1981.

Inters Torhüter Alessandro Altobelli kommt an den Ball und macht einen Angriff von Real Madrid im Europapokal-Halbfinale 1981 zunichte.

Le gardien de l'Inter Alessandro Altobelli s'empare du ballon et met un terme à une attaque du Real de Madrid en demi-finale de la Coupe d'Europe 1981.

Referee García Carrión, in hot pursuit, sees Jose Antonio Camacho of Real Madrid tackled by Francisco Carrasco of Barcelona in the Spanish Cup Final, Bernabeu Stadium, Madrid, 1982. Real beat their arch rivals to win the Cup.

Schiedsrichter García Carrión als heißer Verfolger sieht, wie José Antonio Camacho von Real Madrid von Francisco Carrasco, Barcelona, im spanischen Pokalfinale angegangen wird, Bernabeu-Stadion, Madrid, 1982. Real schlug den Erzrivalen und gewann den Pokal.

L'arbitre García Carrión arrive à grandes enjambées pour voir l'agression du Barcelonais Francisco Carrasco sur le Madrilène José Antonio Camacho lors de la finale de la Coupe d'Espagne 1982, au Stade Bernabeu de Madrid. Le Real réussit cette fois à s'imposer face à son grand rival et s'adjugea la Coupe.

Arm in arm together ... Irving Nattrass of Middlesborough (left) challenges the Southampton captain, Kevin Keegan, in an English First Division game, 22 March 1981.

Arm in Arm ... Irving Nattrass von Middlesborough (links) im Angriff auf Southamptons Mannschaftskapitän Kevin Keegan in einem englischen Erstligaspiel, 22. März 1981.

Dans les bras l'un de l'autre, Irving Nattrass de l'équipe de Middlesborough (à gauche) et Kevin Keegan, le capitaine de Southampton, lors d'un match de première division, le 22 mars 1981.

Bob Paisley about to take off as he celebrates one of the many Liverpool goals of 1981. In his nine years at Anfield the club won an extraordinary thirteen trophies.

Bob Paisley kurz vor dem Abheben, beim Feiern eines der vielen Tore von Liverpool 1981. In den neun Jahren, die er an der Anfield Road verbrachte, gewann der Verein stolze 13 Trophäen.

Bob Paisley, tout à sa joie, semble sur le point de décoller à l'occasion d'un des nombreux buts marqués par Liverpool en 1981. Durant les neuf années qu'il passa à Anfield, le club enregistra des résultats exceptionnels, remportant treize trophées.

Floral tribute. The crowd is pelted with flowers during the opening ceremony of the World Cup finals, Bernabeu Stadium, Madrid, 14 June 1982. This was the only time women were allowed to participate in top class football during the 1980s.

Blumige Huldigung. Während der Eröffnungszeremonie zur Weltmeisterschaftsendrunde wird das Publikum mit Blumen überschüttet, Bernabeu-Stadion, Madrid, 14. Juni 1982. Es war die einzige Gelegenheit in den 80er Jahren, bei der Frauen eine aktive Rolle im Spitzenfußball spielen durften.

Un hommage fleuri. La foule est couverte de fleurs durant la cérémonie d'ouverture de la phase finale de la Coupe du monde au Stade Bernabeu de Madrid, le 14 juin 1982. Fait unique durant les années quatre-vingt : les femmes participaient à une manifestation de l'élite du football.

Stefan Majewski of Poland is robbed of his pride and the ball by Belgium's Alexandre Cerniatyski in the second round tie of the World Cup, July 1982. But Majewski was happy with the result: Poland won 3-0.

Stefan Majewski, Polen, verliert seine Würde und den Ball gegen Alexandre Cerniatyski, Belgien, in einer Zweitrunden-Begegnung bei der Weltmeisterschaft, Juli 1982. Aber Majewski war mit dem Ergebnis zufrieden: Polen gewann 3:0.

Le Polonais Stefan Majewski perd la face (et le ballon) dans ce duel avec le Belge Alexandre Cerniatyski lors d'une rencontre comptant pour le deuxième tour de la Coupe du monde, en juillet 1982. Majewski put toutefois se consoler, son équipe l'emportant finalement par 3-0.

Osvaldo 'Ossie' Ardiles of Argentina attempts to thread his way between Oriali (left) and a focused Francesco Graziani of Italy in the second round of the 1982 World Cup in Spain. Italy beat Argentina 2-1.

Osvaldo „Ossie" Ardiles, Argentinien, versucht sich zwischen Oriali (links) und einem konzentrierten Francesco Graziani, Italien, den Weg zu bahnen, in der zweiten Runde der Weltmeisterschaft 1982 in Spanien. Italien schlug Argentinien 2:1.

L'Argentin Osvaldo Ardiles, surnommé « Ossie », tente de se frayer un passage entre les Italiens Oriali (à gauche) et Francesco Graziani lors du second tour de la Coupe du monde disputée en Espagne en 1982. L'Italie finit par s'imposer 2-1.

Cesare Maldini rushes to greet Graziani (19) at the end of the same game, 1 July 1982.

Cesare Maldini eilt auf Graziani (mit der 19) zu, um ihn nach demselben Spiel zu beglückwünschen, 1. Juli 1982.

Cesare Maldini se précipite vers Graziani (n°19) pour le féliciter à la fin du même match, le 1er juillet 1982.

EAMONN MCCABE

Lothar Matthäus of West Germany (left) and Zico of Brazil. Matthäus is one of only two footballers to have played in five World Cups. The other is Carbajal of Mexico.

Lothar Matthäus, Bundesrepublik Deutschland, gegen Zico, Brasilien. Matthäus ist einer der beiden einzigen Fußballer, die an fünf Weltmeisterschaften teilgenommen haben. Der andere ist der Mexikaner Carbajal.

L'Allemand de l'Ouest Lothar Matthäus (à gauche) aux prises avec le Brésilien Zico. Matthäus est l'un des deux seuls joueurs ayant participé à cinq Coupes du monde. Le codétenteur de ce record de participations est le Mexicain Carbajal.

Glenn Hoddle looks dashing in the World Cup, Spain, June 1982. England started well, beating France, Czechoslovakia and Kuwait, but could manage only goalless draws with West Germany and Spain in the second round and progressed no further.

Glenn Hoddle in spritziger Eleganz während der Weltmeisterschaft in Spanien, Juni 1982. England begann vielversprechend mit Siegen über Frankreich, die Tschechoslowakei und Kuwait, kam aber in der Zwischenrunde nur zu torlosen Unentschieden gegen die Bundesrepublik Deutschland und Spanien und schied aus.

Glenn Hoddle dans une superbe attitude lors de la Coupe du monde en Espagne, en juin 1982. L'Angleterre avait bien commencé la compétition, s'imposant face à la France, la Tchécoslovaquie et le Koweït mais fut éliminée après avoir concédé le match nul au second tour (0-0) face à l'Allemagne de l'Ouest et à l'Espagne.

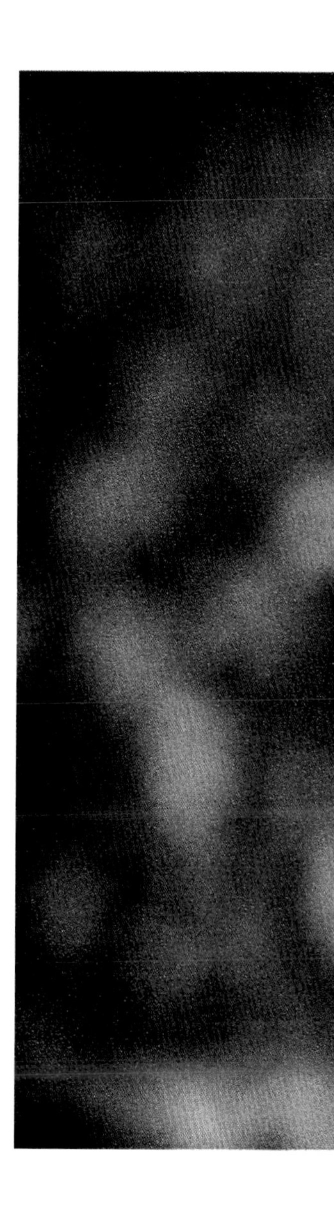

(Above) Paolo Rossi of Italy in action against Brazil in a World Cup second round game, June 1982. Rossi scored all three in Italy's 3-2 victory. (Right) The ultimate joy. Marco Tardelli salutes the gods after Italy beat West Germany 3-1 in the World Cup Final, Bernabeu Stadium, Madrid, 11 July 1982.

(Oben) Paolo Rossi, Italien, in Aktion gegen Brasilien in einem WM-Zweitrundenspiel, Juni 1982. Rossi erzielte alle drei Tore bei Italiens 3:2-Sieg. (Rechts) Höchste Freude. Marco Tardelli ruft die Götter an, nachdem Italien die Bundesrepublik 3:1 im WM-Endspiel geschlagen hat, Bernabeu-Stadion, Madrid, 11. Juli 1982.

(Ci-dessus) L'italien Paolo Rossi en pleine action face au Brésil lors d'une rencontre comptant pour le second tour de la Coupe du monde, en juin 1982. Rossi marqua les trois buts de la victoire pour l'Italie, qui s'imposa 3-2. (À droite) Le summum du bonheur, pour Marco Tardelli, qui salue les dieux après la victoire de l'Italie (3-1) face à l'Allemagne de l'Ouest en finale de la Coupe du monde, au Stade Bernabeu de Madrid, le 11 juillet 1982.

DAVID CANNON

The stadium erupts with joy and colour as Brazilian supporters salute their team during the 1986 World Cup in Mexico. Brazil lost to France on penalties in a quarter-final that was one of the best in the competition.

Das Stadion bricht in Freude und Farbe aus: Brasilianische Fans begrüßen ihre Mannschaft bei der Weltmeisterschaft 1986 in Mexiko. In einem Viertelfinale, das eines der besten Spiele des Turniers war, verlor Brasilien gegen Frankreich nach Elfmeterschießen.

Une foule bigarrée et en délire de supporters brésiliens qui ovationnent leur équipe durant la Coupe du monde de 1986, disputée au Mexique. Le Brésil s'inclina aux penaltys face à la France, dans un quart de finale qui constitua l'une des meilleures rencontres de la compétition.

Gary Lineker strikes for goal, England v. Paraguay, Aztec Stadium, Mexico City, June 1986. Lineker, leading goal scorer in the tournament, helped England win 3-0.

Gary Lineker schießt aufs Tor, England gegen Paraguay, Aztekenstadion, Mexiko Stadt, Juni 1986. Lineker, Torschützenkönig des Turniers, trug zu Englands 3:0-Sieg bei.

Gary Lineker tire au but lors du match Angleterre-Paraguay au Stade aztèque de Mexico, en juin 1986. Lineker, meilleur buteur du tournoi, contribua à la victoire de l'Angleterre sur le score de 3-0.

DAVID CANNON

Diego Maradona flies over a defender as Argentina beat South Korea 3-1 in their World Cup first round match, Olympic Stadium, Mexico City, 2 June 1986.

Diego Maradona fliegt über einen Verteidiger bei Argentiniens 3:1-Sieg über Südkorea im WM-Erstrundenspiel hinweg, Olympiastadion, Mexiko Stadt, 2. Juni 1986.

Diego Maradona échappe à un défenseur sud-coréen pour cette victoire de l'Argentine sur le score de 3 buts à 1 lors de leur premier match de la Coupe du monde au Stade olympique de Mexico, le 2 juin 1986.

DAVID CANNON

Hugo Sanchez kneels in supplication but still collects a booking as Mexico draw 1-1 with Paraguay, Mexico City, June 1986.

Hugo Sanchez kniet demutsvoll nieder, erhält aber dennoch eine gelbe Karte bei Mexikos 1:1 gegen Paraguay, Mexiko Stadt, Juni 1986.

Hugo Sanchez a beau supplier, il écope de cet avertissement lors du match nul (1-1) entre le Mexique et le Paraguay à Mexico, en juin 1986.

DAVID CANNON

DAVID CANNON

(Above) Michel Platini, France's leading player in the 1980s, slips past West German defenders in the World Cup semi-final, Mexico City, June 1986. West Germany won 2-0. (Right) On a happier day, Platini celebrates his equaliser against Brazil earlier in the quarter-final, Guadalajara, 21 June 1986, which France won 4-3 on penalties.

(Oben) Michel Platini, der herausragende Spieler Frankreichs in den 80ern, entwischt deutschen Verteidigern beim WM-Halbfinale, Mexiko Stadt, Juni 1986. Die Bundesrepublik gewann 2:0. (Rechts) Platini feiert sein Ausgleichstor gegen Brasilien an einem glücklicheren Tag, dem vorangegangenen Viertelfinale gegen Brasilien in Guadalajara, 21. Juni 1986, das Frankreich 4:3 im Elfmeterschießen gewann.

(Ci-dessus) Michel Platini, le meneur de jeu de l'équipe de France dans les années quatre-vingt, échappe à la défense ouest-allemande en demi-finale de Coupe du monde à Mexico, en juin 1986. L'Allemagne de l'Ouest remporta la rencontre 2-0. (À droite) Quelques jours auparavant, plus de réussite pour Platini égalisant face au Brésil, lors du quart de finale disputé à Guadalajara, le 21 juin 1986, qui vit la France s'imposer aux tirs aux buts (4-3).

DAVID CANNON

GERARD VANDYSTADT

The demi-god with the hands of clay. Diego Maradona falls spectacularly in the World Cup Final, Aztec Stadium, Mexico City, 29 June 1986. Argentina defeated West Germany 3-2.

Der allzu menschliche Halbgott. Diego Maradona fällt spektakulär im WM-Endspiel, Aztekenstadion, Mexiko Stadt, 29. Juni 1986. Argentinien schlug die Bundesrepublik 3:2.

Le demi-dieu trop humain. Diego Maradona tombe de façon spectaculaire en finale de la Coupe du monde, au Stade aztèque de Mexico, le 29 juin 1986. L'Argentine s'imposa face à l'Allemagne de l'Ouest sur le score de 3-2.

le coq sportif

The hand of God holds the FIFA World Trophy, Aztec Stadium, Mexico City, 29 June 1986. Maradona's magic guided Argentina to a 3-2 victory over West Germany in the World Cup Final.

Die Hand Gottes reckt den FIFA-Pokal in die Höhe, Aztekenstadion, Mexiko Stadt, 29. Juni 1986. Maradonas Ballzauber führte Argentinien zu einem 3:2-Sieg über die Bundesrepublik Deutschland im Finale.

Le trophée FIFA entre les mains du dieu du football au Stade aztèque de Mexico, le 29 juin 1986. Le magicien Maradona mena son équipe à la victoire (3-2) en finale face à l'Allemagne de l'Ouest.

EAMONN MCCABE

Tale of two goalkeepers 1. Southampton's Peter Shilton instructs his fellow defenders, 1985. Five years later, Shilton made his record 125th appearance as England's goalkeeper.

Torwartlegenden zum Ersten. Southamptons Peter Shilton baut seine Abwehr auf, 1985. Fünf Jahre später hatte Shilton seinen Rekordauftritt im 125. Spiel als Torwart für England.

Histoire de gardien de but 1. Le gardien de Southampton, Peter Shilton, donne des instructions à ses défenseurs, en 1985. Cinq ans plus tard, Shilton établissait un record en étant sélectionné sous le maillot de l'équipe d'Angleterre pour la 125ème fois.

FRANK TEWKESBURY

Tale of two goalkeepers 2. Southampton's Yugoslavian goalkeeper, Ivan Katalinić, suspended in mid-air as he fails to prevent the first of three Crystal Palace goals, Selhurst Park, London, 22 October 1980.

Torwartlegenden zum Zweiten. Southamptons jugoslawischer Torhüter Ivan Katalinić hoch in der Luft bei dem vergeblichen Versuch, das erste von drei Toren für Crystal Palace zu verhindern, Selhurst Park, London, 22. Oktober 1980.

Histoire de gardien de but 2. Belle détente du gardien yougoslave de Southampton, Ivan Katalinić, qui ne parvient toutefois pas à arrêter ce tir, le premier des trois buts de Crystal Palace au Selhurst Park de Londres, le 22 octobre 1980.

BILLY STRICKLAND

(Above) Water sports. Bulgaria, in white shirts, and South Korea struggle on a sodden pitch in Mexico, June 1986. The result was a 1-1 draw. (Right) Early bath. Fabio Carannante of Napoli falls at the feet of AC Milan's Sergio Batistini, Naples, 1984.

(Oben) Wassersport. Bulgarien, in weißen Hemden, und Südkorea mühen sich auf einem aufgeweichten Platz in Mexiko, Juni 1986. Das Resultat war ein 1:1. (Rechts) Vorzeitige Dusche. Fabio Carannante, Neapel, fällt Sergio Batistini vom AC Mailand zu Füßen, Neapel, 1984.

(Ci-dessus) Sports aquatiques. La Bulgarie, en maillots blancs, et la Corée du Sud s'affrontent sur un terrain détrempé, au Mexique, en juin 1986. La rencontre se solde par un match nul (1-1). (À droite) C'est l'heure du bain pour le Napolitain Fabio Carannante qui tombe aux pieds du joueur de l'AC Milan, Sergio Batistini, à Naples, en 1984.

DAVID CANNON

Ruud Gullit (left) outleaps a sandwiched Rudi Völler in the semi-final of the European Championship, Hamburg, June 1988. Holland beat West Germany 2-1.

Ruud Gullit (links) überspringt einen eingeklemmten Rudi Völler im Halbfinale der Europameisterschaft, Hamburg, Juni 1988. Holland schlug die Bundesrepublik 2:1.

Ruud Gullit (à gauche) surgit dans le dos de Rudi Völler, pris en sandwich lors d'une demi-finale du championnat d'Europe disputée à Hambourg en juin 1988. La Hollande s'imposa face à l'Allemagne de l'Ouest sur le score de 2-1.

DAVID CANNON

BILLY STRICKLAND

Ruud Gullit (left) and Gerald Vanenberg on their lap of honour after Holland's 2-0 victory over the Soviet Union in the European Championship Final, Olympic Stadium, Munich, 25 June 1988. Holland's scorers were Gullit and van Basten.

Ruud Gullit (links) und Gerald Vanenberg auf der Ehrenrunde nach Hollands 2:0-Sieg über die Sowjetunion im Endspiel der Europameisterschaft, Olympiastadion, München, 25. Juni 1988. Die Torschützen für Holland waren Gullit und van Basten.

Ruud Gullit (à gauche) et Gerald Vanenberg font un tour d'honneur après la victoire de la Hollande 2-0 face à l'Union soviétique en finale du championnat d'Europe, au Stade olympique de Munich, le 25 juin 1988. Les buts hollandais furent marqués par Gullit et van Basten.

Sousa (left) and Carlos Manuel share their joy after Portugal beat England 1-0 at the Tecnologico Stadium, Monterrey, Mexico, June 1986.

Sousa (links) und Carlos Manuel freuen sich gemeinsam nach Portugals 1:0-Sieg im Tecnologico-Stadion, Monterrey, Mexiko, Juni 1986.

Sousa (à gauche) et Carlos Manuel se congratulent après la victoire du Portugal (1-0) face à l'Angleterre au Stade Tecnologico de Monterrey (Mexique) en juin 1986.

DAVID CANNON

Ludwig Kögl (centre), having snatched an early lead for Bayern Munich, is fouled Magalhaes of FC Porto (right, lifting his hands in innocent appeal), Vienna, 27 May 1987. But FC Porto became the first Portuguese side to win the European Cup for twenty-five years.

Ludwig Kögl (Mitte), der eine frühe Führung für Bayern München erzielt hat, wird von Magalhaes vom FC Porto gefoult (rechts, mit unschuldig erhobenen Händen), Wien, 27. Mai 1987. Aber der FC Porto war die erste portugiesische Mannschaft in 25 Jahren, die den Europapokal gewinnen konnte.

Ludwig Kögl (au centre) qui a donné l'avantage au Bayern de Munich, vient de subir une agression du joueur du FC Porto, Magalhaes (à droite), levant les mains en signe d'innocence, Vienne, le 27 mai 1987. En remportant ce match, le FC Porto fut le premier club portugais vainqueur d'une Coupe d'Europe depuis 25 ans.

SIMON BRUTY

SIMON BRUTY

(Left) Dave Watson of Everton (left) and Brian Stein of Luton battle for possession at Goodison Park, 1987. Everton went on to become First Division Champions. (Above) Gary Lineker of England (right) about to be challenged by Alex McLeish of Scotland during the Rous Cup, Wembley, 21 May 1988. England won 1-0.

(Links) Dave Watson von Everton (links) und Brian Stein von Luton kämpfen um den Ball, Goodison Park, 1987. Everton wurde schließlich englischer Meister. (Oben) Gary Lineker, England, der gerade von Alex McLeish, Schottland, angegriffen wird. Rous Cup, Wembley, 21. Mai 1988. England gewann 1:0.

(À gauche) Dave Watson, le joueur d'Everton (à gauche sur la photo), aux prises avec Brian Stein, du club de Luton, pour la possession du ballon à Goodison Park, en 1987. Everton remporta par la suite le championnat de première division. (Ci-dessus) Gary Lineker, avec le maillot de l'équipe d'Angleterre, et l'Écossais Alex McLeish, durant la Rous Cup, à Wembley, le 21 mai 1988. L'Angleterre s'imposa 1-0.

EAMONN MCCABE

Heysel Stadium, Brussels, 29 May 1985. An old wall collapses as Juventus supporters attempt to escape the third charge by rival Liverpool supporters. Thirty-nine people were crushed to death. The Belgian government was brought down. UEFA banned all English clubs from European football indefinitely.

Heysel-Stadion, Brüssel, 29. Mai 1985. Eine alte Mauer bricht zusammen, als Juventus-Anhänger versuchen, der dritten Angriffswelle rivalisierender Liverpool-Anhänger zu entgehen. 39 Menschen wurden erdrückt. Die belgische Regierung stürzte. Die UEFA schloss alle englischen Vereine auf unbestimmte Zeit vom europäischen Fußball aus.

Bruxelles, Stade du Heysel, le 29 mai 1985. Un mur, de construction ancienne, s'écroule au moment où les supporters de la Juventus tentent d'échapper à la troisième charge des supporters rivaux de Liverpool. Dans la bousculade, trente-neuf personnes trouvèrent la mort. Le gouvernement belge dut démissionner. Cet événement persuada l'UEFA d'interdire aux clubs anglais tout accès aux compétitions européennes de football, jusqu'à une date indéterminée.

PASCAL RONDEAU

Grieving fans place tributes at the main gate of Anfield, April 1989, in memory of the ninety-five people who died in the Hillsborough disaster as the semi-final of the FA Cup was being played out between Liverpool and Nottingham Forest.

Trauernde Fans am Haupttor des Stadions an der Anfield Road, April 1989, im Gedenken an die 95 Menschen, die bei der Hillsborough-Katastrophe ihr Leben verloren, beim Pokal-Halbfinalspiel zwischen Liverpool und Nottingham Forest.

Le chagrin pour ces supporters qui, en avril 1989, devant l'entrée principale d'Anfield, rendent hommage aux quatre-vingt-quinze victimes de la catastrophe d'Hillsborough, survenue lors d'une demi-finale de la Cup entre Liverpool et Nottingham Forest.

SIMON BRUTY

(Above) The red glow of victory. Barcelona fans at the Wankdorf Stadium, Berne, see their club defeat Sampdoria 2-0 in the European Cup Winners' Cup Final, 10 May 1989. Sampdoria fans had another year to wait before the Cup was theirs. (Right) The San Siro bursts with colour and excitement as its two incumbents, Internazionale and AC Milan, meet in the Italian League, 1989.

(Oben) Die rote Glut des Siegs. Fans von Barcelona im Wankdorf-Stadion, Bern, sahen den 2:0-Sieg ihres Vereins über Sampdoria Genua beim Endspiel um den Europapokal der Pokalsieger, 10. Mai 1989. Die Fans von Sampdoria mussten ein weiteres Jahr lang warten, bis der Pokal ihnen gehörte. (Rechts) Begeisterung und Farbenrausch im Stadion von San Siro beim Aufeinandertreffen der großen Lokalrivalen Inter und AC Mailand in der italienischen Liga, 1989.

(Ci-dessus) Le rouge de la victoire pour les supporters de Barcelone au Wankdorf stadium de Berne, qui assistent à la victoire de leur club sur la Sampdoria (2-0) en finale de la Coupe des vainqueurs de coupe, le 10 mai 1989. Les supporters de la Sampdoria durent attendre une année supplémentaire avant de remporter le trophée. (À droite) Une explosion de couleurs et d'enthousiasme au Stade San Siro à l'occasion d'un derby du championnat italien entre le Milan AC et l'Inter de Milan, les deux équipes locales.

DAVID CANNON

DAVID CANNON

Club sandwich. The ingredients are (from left, rear) Alex McLeish, John Fashanu, Stuart Pearce and Des Walker, Scotland v. England, Hampden Park, 27 May 1989.

Club-Sandwich. Die Zutaten (von links, hinten): Alex McLeish, John Fashanu, Stuart Pearce und Des Walker, Schottland gegen England, Hampden Park, 27. Mai 1989.

Pour faire un bon club sandwich, il faut (à partir de la gauche, à l'arrière) Alex McLeish, John Fashanu, Stuart Pearce et Des Walker. Ce match Écosse-Angleterre se déroulait au Hampden Park, le 27 mai 1989.

Peter Beardsley insults the Scottish defence as England win the Rous Cup 1-0, Wembley Stadium, 21 May 1988.

Peter Beardsley beleidigt die schottische Abwehr beim 1:0-Sieg Englands im Rous Cup, Wembley-stadion, 21. Mai 1988.

Peter Beardsley se montre insolent face à la défense écossaise, pour cette victoire de l'Angleterre 1-0 dans la Rous Cup au stade de Wembley, le 21 mai 1988.

BEN REDFORD

DAVID CANNON

A lovely way to spend a Saturday afternoon. Mark Lawrenson (right) of Liverpool is swept aside by Newcastle's Paul Gascoigne.

So macht ein Samstagnachmittag richtig Spaß. Mark Lawrenson (rechts) von Liverpool wird von Paul Gascoigne, Newcastle, beiseite gefegt.

Un samedi après-midi en charmante compagnie. Le joueur de Liverpool Mark Lawrenson (à droite) est brutalement écarté par Paul Gascoigne, de Newcastle.

A lovely way to spend a Tuesday night. A bloodied Terry Butcher at the end of England and Sweden's goalless draw, 6 June 1989.

So macht der Dienstagabend richtig Spaß. Ein blutüberströmter Terry Butcher am Ende der torlosen Begegnung England-Schweden, 6. Juni 1989.

Un mardi soir des plus agréables, comme en témoigne le visage ensanglanté de Terry Butcher à la fin de la rencontre Angleterre-Suède, disputée le 6 juin 1989 et qui s'est terminée sur un score nul et vierge.

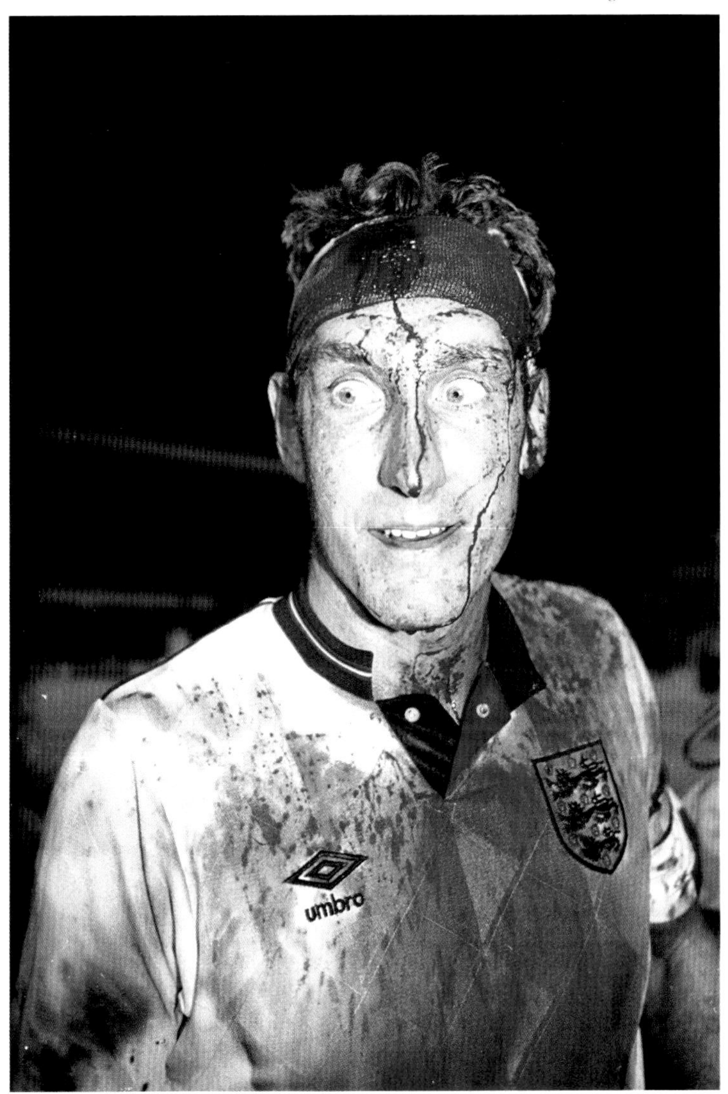

DAVID CANNON

9. The changing game
Das Spiel verändert sich
Un jeu en pleine évolution

Luis Nazario Ronaldo of Brazil (centre) sprints through the Morocco defence in a World Cup tie, Nantes, France, 16 June 1998. In the 1994 World Cup, Brazil's manager, Carlos Alberto Perreira, had told seventeen-year-old Ronaldo: 'You are here only to learn. Your turn will come later.' It did.

Luis Nazario Ronaldo (Mitte), Brasilien, sprintet bei einem Weltmeisterschaftsspiel in Nantes, Frankreich, am 16. Juni 1998 durch die marokkanische Abwehr. Bei der Weltmeisterschaft 1994 hatte der brasilianische Trainer Carlos Alberto Perreira dem 17-jährigen Ronaldo gesagt: „Du bist nur hier um zu lernen. Dein Tag kommt noch.“ Er kam.

Le Brésilien Luis Nazario Ronaldo (au centre) sprinte au cœur de la défense marocaine lors d'une rencontre de Coupe du monde disputée en France (à Nantes) le 16 juin 1998. Durant la Coupe du monde 1994, Carlos Alberto Perreira, le manager du Brésil, avait dit au jeune homme, alors âgé de dix-sept ans : « Tu es ici pour apprendre. Ton tour viendra, plus tard. » Il avait vu juste.

A soccer fan of the 1890s, plucked from the cold terraces of his home ground and whisked forward in time to an all-seater stadium of the 1990s, would be staggered by what he saw. Around him he would see many more women in the crowd than in the Good Old Days. Supporters would be wearing sponsored team strip, waving team scarves, sporting team headgear. In place of individual cries and the occasional roar of the crowd at a goal, a foul, or a near miss, the fan of the 1890s would hear team songs, unison chants of encouragement and condemnation. In the programme, his team list would include strange and exotic names. In the newspaper, his team might well be quoted on the Stock Market.

Today, players are fitter, faster and more skilful – on average. Watching a match is a more comfortable, though more expensive, experience. But the old fan might be reassured by the survival of many of the old faults – the boring game, the foul play, the influence of money, bribery, betting and 'bad' referees.

And he'd still suffer those afternoons when his heroes miss every goal-scoring opportunity, play as though they had boots in their brains (rather than vice versa), and lose to rivals they should have slaughtered. It's still a funny old game ...

Ein Fußballfan aus den 1890er Jahren, herausgegriffen aus den ungemütlichen Stehplatzrängen seines örtlichen Fußballplatzes und über die Zeiten hinweg in ein durchgehend mit Sitzplätzen ausgestattetes Stadion der 1990er gewirbelt, wäre fassungslos über das, was er sähe. In der Menge fände er sehr viel mehr Frauen als in der guten alten Zeit. Die Anhänger trügen gesponsorte Mannschaftstrikots, schwenkten Mannschaftsschals, trügen Mannschaftsmützen zur Schau. Statt einzelner Aufschreie und dem gelegentlichen Aufbrüllen der Menge bei einem Tor, einem Foul oder einem Beinahe-Treffer hörte der Fan der 1890er jetzt Vereinshymnen, gemeinschaftliche Sprechgesänge der Ermutigung oder der Verdammung. In der Stadionzeitung fände er in der Aufstellung seiner Mannschaft viele seltsame und exotische Namen. Und in der Zeitung könnte er seinen Verein durchaus auf der Börsenseite wiederfinden.

Heute sind die Spieler austrainierter, schneller und technisch ausgereifter – im Durchschnitt. Sich ein Spiel anzuschauen, ist zu einem angenehmeren, wenn auch teureren Erlebnis geworden. Aber der Fan der ersten Stunde könnte sich damit trösten, dass viele der alten Untugenden überlebt haben: dahinplätscherndes Spiel, die Fouls, der Einfluss des Geldes, der Bestechung, des Wettens, und „schlechte“ Schiedsrichter.

Und immer noch würde er an jenen Nachmittagen leiden, an denen seine Helden jede Torchance auslassen, so spielen, als hätten sie Fußballstiefel im Hirn (statt umgekehrt), und gegen Konkurrenten verlieren, die sie eigentlich in den Boden hätten rammen müssen. Es ist immer noch das alte komische Spiel ...

S'il était possible d'arracher un fan de football de la fin du siècle dernier aux tribunes glaciales de son terrain fétiche et de l'emmener, un siècle plus tard, visiter un stade moderne, équipé uniquement de places assises, il serait stupéfait du spectacle. Il serait entouré par bien plus de femmes qu'il n'y en avait au bon vieux temps. Il verrait les supporters modernes, vêtus de maillots à l'effigie de sponsors, agiter des écharpes et arborer des casquettes aux couleurs de l'équipe. Au lieu des quelques cris de spectateurs ou de l'agitation épisodique de la foule pour un but, une faute ou une occasion de but, il entendrait des chants, repris à l'unisson pour encourager une équipe ou fustiger une action de jeu. Les joueurs titulaires dans son équipe favorite porteraient parfois des noms étranges et teintés d'exotisme. Enfin, dans les journaux, il aurait peut-être la surprise de découvrir le nom de son club dans la rubrique des cotations en bourse.

D'une manière générale, les joueurs d'aujourd'hui ont une meilleure condition physique, une meilleure technique et sont plus rapides qu'auparavant. Les spectateurs jouissent d'un plus grand confort, même s'il doivent pour cela payer plus cher que par le passé. Le vieux supporter pourrait toutefois se rassurer en constatant que nombre de défauts qu'il connaissait déjà à son époque subsistent: le jeu monotone, l'agressivité sur le terrain, l'influence de l'argent, la corruption, les paris et le « mauvais » arbitrage.

Et il pesterait encore lorsque ses héros manqueraient toutes les occasions de buts, jouant plus avec leurs chaussures qu'avec leur cervelle et s'inclinant face à des équipes largement à leur portée. Oui, décidément, le football est resté un jeu passionant…

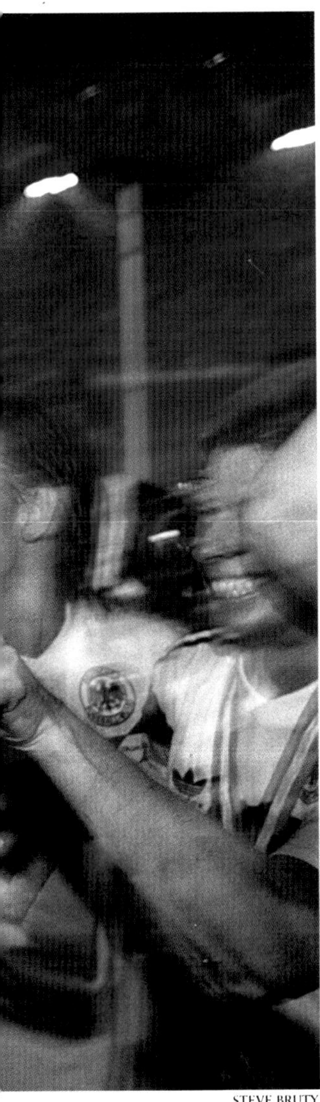

STEVE BRUTY

DAVID CANNON

World champions. (Left) Jürgen Kohler prepares to swallow the FIFA World Trophy after West Germany's 1-0 defeat of Argentina in the World Cup Final, Olympic Stadium, Rome, 8 July 1990. (Above) An ecstatic Jürgen Klinsmann.

Weltmeister. (Links) Jürgen Kohler schickt sich an, den FIFA-Weltpokal zu verschlingen, nachdem die Bundesrepublik Argentinien im Olympiastadion in Rom beim WM-Finale 1:0 geschlagen hat, 8. Juli 1990. (Oben) Ein ekstatischer Jürgen Klinsmann.

Champions du monde. (À gauche) Jürgen Kohler est sur le point d'avaler la FIFA World Trophy après la victoire de l'Allemagne de l'Ouest face à l'Argentine en finale de la Coupe du monde au Stade olympique de Rome, le 8 juillet 1990. (Ci-dessus) Jürgen Klinsmann est au septième ciel.

BILLY STRICKLAND

Tears of a clown. Paul Gascoigne dissolves after his second yellow card in the tournament – England v. West Germany, World Cup semi-final, 1990.

Tränen eines Clowns. Ein aufgelöster Paul Gascoigne nach seiner zweiten gelben Karte des Turniers – England gegen Bundesrepublik Deutschland, WM-Halbfinale, 1990.

Les larmes du clown. Paul Gascoigne ne retient plus ses larmes après avoir reçu son second carton jaune du tournoi, lors de la demi-finale de Coupe du monde opposant l'Angleterre à l'Allemagne de l'Ouest, en 1990.

Alan Shearer (left) struggles to escape the clutches of Yves Quentin of Switzerland, Wembley, 1996. Shearer scored England's goal with a rasping free kick in the 1-1 draw.

Alan Shearer (links) entwindet sich dem Griff des Schweizers Yves Quentin beim 1:1-Unentschieden, Wembley, 1996. Shearer erzielte das Tor für England mit einem genau platzierten Freistoß.

Alan Shearer (à gauche) s'efforce d'échapper au Suisse Yves Quentin, à Wembley, en 1996. Shearer marqua le but anglais sur un coup franc rageur, mais le score final fut de 1-1.

SHAUN BOTTERILL

The wall stands firm. Eric Cantona (centre) takes a cautionary look behind as Manchester United prepare to defend their goal against a Liverpool free kick, Anfield, 17 December 1995. Liverpool won 2-0.

Die Mauer steht. Eric Cantona (Mitte) wirft vorsichtshalber einen Blick nach hinten, während Manchester United sich auf einen Freistoß Liverpools vorbereitet, Anfield, 17. Dezember 1995. Liverpool gewann 2:0.

Un mur solide. Eric Cantona (au centre) s'assure d'un coup d'œil que tout est en ordre dans la défense de Manchester United, tandis que Liverpool s'apprête à tirer un coup franc à Anfield, le 17 décembre 1995. Liverpool l'emporta finalement 2-0.

ANTON WANT

The wall collapses. Six Liverpool defenders crumble in the face of a Sheffield Wednesday free kick, Hillsborough, 4 December 1993. This was Liverpool's poorest season of the decade.

Die Mauer fällt. Sechs Liverpooler Verteidiger wackeln angesichts eines Freistoßes von Sheffield Wednesday, Hillsborough, 4. Dezember 1993. Für Liverpool war es die schlechteste Saison des Jahrzehnts.

Un mur qui se désagrège. Les six défenseurs de Liverpool semblent s'effondrer au moment où l'équipe de Sheffield Wednesday s'apprête à tirer un coup franc, à Hillsborough, le 4 décembre 1993. C'est la plus mauvaise saison réalisée par Liverpool dans les années quatre-vingt-dix.

STEPHEN DUNN

Taking the plunge 1. Jorge Campos, goalkeeper for Los Angeles Galaxy, dives onto a heap that somewhere includes his team-mate, Jorge Salcedo. Salcedo had just scored in the game against DC United, Pasadena Rosebowl, California, 5 May 1996. LA Galaxy won 3-1.

Kopfsprung zum Ersten. Jorge Campos, Torhüter bei Los Angeles Galaxy, stürzt sich auf einen Haufen, zu dem irgendwo auch sein Mannschaftskamerad Jorge Salcedo gehört. Salcedo hatte soeben im Spiel gegen DC United getroffen, Pasadena Rosebowl, Kalifornien, 5. Mai 1996. Galaxy gewann 3:1.

Plongeon n° 1. Jorge Campos, le gardien de Los Angeles Galaxy, plonge sur le tas de joueurs où doit se trouver quelque part son coéquipier Jorge Salcedo. Salcedo vient juste de marquer face à DC United au Pasadena Rosebowl (Californie) le 5 mai 1996. La Galaxy remporta cette rencontre sur le score de 3-1.

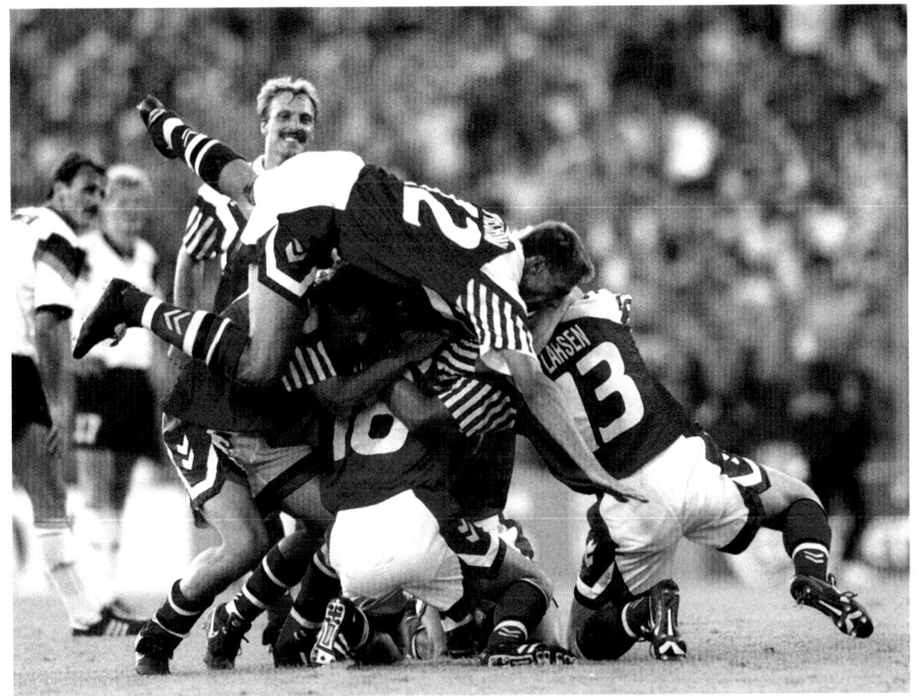

SHAUN BOTTERILL

Taking the plunge 2. Danish players form a scrum to mark Kim Vilfort's winning goal against Germany in the European Championship Final, Gothenburg, Sweden, 1 June 1992. Denmark entered the championship after Yugoslavia had been expelled and, to widespread astonishment, won the final 2-0.

Kopfsprung zum Zweiten. Dänische Spieler im Getümmel aus Anlass von Kim Vilforts Siegtor gegen Deutschland im Finale der Europameisterschaft, Göteborg, Schweden, 1. Juni 1992. Dänemark war erst als Ersatz für das ausgeschlossene Jugoslawien in die Endrunde gekommen und gewann das Endspiel zur allgemeinen Überraschung mit 2:0.

Plongeon n° 2. Les joueurs danois improvisent une mêlée à la suite d'un but de Kim Vilfort qui leur donne la victoire face à l'Allemagne en finale du championnat d'Europe des nations à Göteborg, en Suède, le 1er juin 1992. Le Danemark, qui n'avait dû sa qualification qu'à l'expulsion de la Yougoslavie remporta la finale, à la surprise générale, sur le score de 2-0.

Falling snow. Liverpool's Zimbabwean goalkeeper Bruce Grobbelaar peers through the winter gloom for signs of a Newcastle United attack, St James's Park, 1993.

Schneefall. Liverpools Torhüter Bruce Grobbelaar aus Simbabwe versucht, in winterlichem Dunkel Anzeichen eines Angriffs von Newcastle United zu erspähen, St James's Park, 1993.

Tombe la neige. Le gardien zimbabwéen de Liverpool Bruce Grobbelaar s'efforce, dans l'obscurité hivernale, de surveiller une attaque de Newcastle United au St James's Park, en 1993.

SHAUN BOTTERILL

GERARD VANDYSTADT

Fernando Caceres straddles the cross-bar after Real Zaragoza have beaten Arsenal 2-1, with an extra time goal from Nayim, to win the European Cup Winners' Cup, Paris, 10 May 1995.

Fernando Caceres im Ritt auf der Querlatte, nachdem Real Saragossa mit einem Treffer durch Nayim in der Verlängerung Arsenal 2:1 geschlagen und den Europapokal der Pokalsieger gewonnen hat. Paris, 10. Mai 1995.

Fernando Caceres à califourchon sur la barre transversale après la victoire du Real Zaragoza sur Arsenal par 2 buts à 1, grâce à un but durant les prolongations de Nayim permettant à son équipe de remporter la Coupe d'Europe des vainqueurs de coupe à Paris, le 10 mai 1995.

BILLY STRICKLAND

Meanwhile, at the foot of the upright ... Danny Boffin of Anderlecht contemplates the unthinkable during a UEFA Cup tie with Paris Saint-Germain, 1992. The game ended in a 1-1 draw, but the writing was on the wall for Anderlecht.

Inzwischen am Fuße des Pfostens ... Danny Boffin, Anderlecht, denkt über das Undenkbare nach, UEFA-Pokal-Begegnung mit Paris Saint-Germain, 1992. Das Spiel endete zwar 1:1, aber das Schicksal Anderlechts war besiegelt.

Au pied du poteau ... Danny Boffin, le joueur d'Anderlecht, assiste à l'impensable lors d'une rencontre de Coupe d'Europe contre le Paris Saint-Germain, en 1992. Le match s'est terminé sur le score de 1-1 mais le destin d'Anderlecht était déjà scellé.

FREDERIC NEBINGER

Ronaldo of Inter hurdles a tackle in a UEFA Cup tie against Lyon, 4 November 1997. Inter won 3-1.

Ronaldo von Inter Mailand überspringt einen Angriff beim UEFA-Pokal-Spiel gegen Lyon, 4. November 1997. Inter gewann 3:1.

Ronaldo, sous le maillot de l'Inter de Milan, évite un tacle lors d'une rencontre comptant pour la Coupe de l'UEFA contre Lyon, le 4 novembre 1997. L'Inter remporta ce match sur le score de 3-1.

But Tibor Selymes of Romania doesn't manage to in a European Championship tie, St James's Park, Newcastle, 1996. Bulgaria won 1-0.

Tibor Selymes, Rumänien, schafft das nicht ganz bei einem Europameisterschaftsspiel, St James's Park, Newcastle, 1996. Bulgarien gewann 1:0.

Le Roumain Tibor Selymes a moins de chance durant un match du Championnat d'Europe au St James's Park de Newcastle, en 1996. La Bulgarie s'imposa par 1 but à 0.

CLIVE BRUNSKILL

SIMON BRUTY

Cause for complaint. Nicola Berti of Italy almost horizontal after a trip by Paul Caliguri of the United States in the 1990 World Cup. Italy won 1-0.

Grund zur Beschwerde. Nicola Berti, Italien, fast in der Waagerechten nach einem Einsatz von Paul Caliguri, Vereinigte Staaten von Amerika, bei der Weltmeisterschaft 1990. Italien gewann 1:0.

Des raisons de se plaindre pour l'Italien Nicola Berti qui se retrouve presque à l'horizontale après une charge du Nord-Américain Paul Caliguri, lors de la Coupe du monde de 1990. L'Italie finit par s'imposer 1-0.

Words of protest. Kevin Gallacher of Blackburn Rovers (left) gently admonishes Frank Sinclair of Leicester City, 29 August 1998. Blackburn won 1-0.

Lauter Protest. Kevin Gallacher von den Blackburn Rovers (links) weist Frank Sinclair von Leicester City sanft zurecht, 29. August 1998. Blackburn gewann 1:0.

Les protestations du joueur des Blackburn Rovers Kevin Gallacher (à gauche) qui réprimande gentiment Frank Sinclair (Leicester City), le 29 août 1998. Blackburn remporte ce match sur le score de 1-0.

CLIVE BRUNKSKILL

SIMON BRUTY

José Caminero fires the ball into the net for a Spanish goal against France, European Championship, June 1996. The result was a 1-1 draw. Spain then lost to England in the quarter-finals. France lost to the Czech Republic in the semi-finals.

José Caminero drischt den Ball zum Tor für Spanien gegen Frankreich ins Netz, Europameisterschaft, Juni 1996. Das Spiel endete 1:1 unentschieden. Spanien verlor anschließend gegen England im Viertelfinale; Frankreich verlor gegen die Tschechische Republik im Halbfinale.

José Caminero envoie un boulet de canon au fond des filets lors d'une rencontre entre la France et l'Espagne comptant pour le Championnat d'Europe, en juin 1996. Les deux équipes se séparèrent sur le score nul de 1-1. L'Espagne s'inclina face à l'Angleterre en quart de finale et la France perdit sa demi-finale face à la Tchécoslovaquie.

Dennis Bergkamp, Holland v Argentina, Amsterdam, 31 March 1999. A year earlier, he had scored the goal of the tournament in the World Cup tie against Argentina.

Dennis Bergkamp, Holland gegen Argentinien, Amsterdam, 31. März 1999. Ein Jahr zuvor hatte er bei der WM-Begegnung mit Argentinien das Tor des Turniers erzielt.

Dennis Bergkamp, lors d'une rencontre entre la Hollande et l'Argentine à Amsterdam, le 31 mars 1999. Un an plus tôt, c'est contre cette même équipe d'Argentine qu'il avait marqué le plus beau but de la Coupe du monde.

STU FORSTER

'Let joy be unconfined!' (Byron). (Above) Gabriel Batistuta of Fiorentina, December 1998. (Opposite, clockwise from top left) Nestor Sensini of Parma in 1997; David Beckham of Manchester United in 1996; Enrico Chiesa of Italy in the 1996 European Championship; Salvatore Schillaci of Italy, top scorer in the 1990 World Cup.

„Der Freude setze keine Grenzen!“ (Lord Byron). (Oben) Gabriel Batistuta von Florenz, Dezember 1998. (Gegenüber, im Uhrzeigersinn von links oben) Nestor Sensini von Parma, 1997; David Beckham, Manchester United, 1996; Enrico Chiesa, Italien, bei der Europameisterschaft 1996; Salvatore Schillaci, Italien, Torschützenkönig der Weltmeisterschaft 1990.

« Que la joie s'exprime! » (Lord Byron). (Ci-dessus) Gabriel Batistuta, de la Fiorentina, en décembre 1998. (Ci-contre, dans le sens des aiguilles d'une montre) Nestor Sensini de Parme, en 1997 ; David Beckham, de Manchester United en 1996 ; Enrico Chiesa sous le maillot italien lors d'une rencontre du championnat d'Europe en 1996 et l'Italien Salvatore Schillaci, meilleur buteur de la Coupe du monde 1990.

CLAUDIO VILLA

SHAUN BOTTERILL

SIMON BRUTY

SHAUN BOTTERILL

STU FORSTER

The ubiquitous game. (Above) Hristo Stoichkov's disallowed goal for Bulgaria v Romania, European Championship, St James's Park, June 1996. (Right) The 'Gents' at a Dublin hotel, June 1994. For only the second time in its history, the Republic of Ireland had qualified for the World Cup finals.

Das Spiel ist überall. (Oben) Hristo Stoichkovs nicht gegebenes Tor für Bulgarien gegen Rumänien, Europameisterschaft, St James's Park, Juni 1996. (Rechts) Herrentoilette in einem Dubliner Hotel, Juni 1994. Erst zum zweiten Mal in der Geschichte hatte sich Irland für die Endrunde der Weltmeisterschaft qualifiziert.

Le football est partout. (Ci-dessus) À l'écran, le but refusé de Hristo Stoichkov pour la Bulgarie face à la Roumanie lors d'un match de championnat d'Europe au St James's Park, en juin 1996. (À droite) Les toilettes hommes d'un hôtel de Dublin, en juin 1994. C'était la seconde fois seulement que la République d'Irlande se qualifiait pour la phase finale de la Coupe du monde.

JAMES MEEHAN

PHIL COLE

High flying hopes. Portsmouth fans raise a snowstorm of balloons and confetti in the FA Cup quarter-final against Chelsea, Fratton Park, 1997.

Hochfliegende Hoffnungen. Fans von Portsmouth entfachen einen Schneesturm von Ballons und Konfetti beim englischen Pokal-Viertelfinale gegen Chelsea, Fratton Park, 1997.

L'espoir coloré des supporters de Portsmouth, sous la forme d'une nuée de confettis et d'un lâcher de ballons, lors d'un quart de finale de la Cup contre Chelsea au Fratton Park, en 1997.

BEN RADFORD

Not such a happy hat trick. Juventus fans at the Olympic Stadium, Munich, for the European Champions' Cup Final, 28 May 1997. Borussia Dortmund won 3-1. This result was sandwiched by victory for Juventus against Ajax in 1996 (1-0) and another defeat in 1998, when they lost 1-0 to Real Madrid.

Ein nicht ganz geglückter Hattrick. Fans von Juventus im Olympiastadion, München, beim Endspiel der europäischen Champions' League, 28. Mai 1997. Borussia Dortmund gewann 3:1. 1996 gewann Juventus gegen Ajax Amsterdam 1:0, verlor aber auch 1998, diesmal 0:1 gegen Real Madrid.

Le coup du chapeau, version malchance. Les supporters de la Juventus soutiennent leur équipe lors de la finale de la Coupe d'Europe des clubs champions au Stade olympique de Munich, le 28 mai 1997. Le Borussia Dortmund devait s'imposer sur le score de 3-1. Ce résultat fut précédé par une victoire contre l'Ajax (1-0) et suivie d'une autre défaite sur le score de 0-1 contre le Real de Madrid.

CLIVE BRUNSKILL

A very happy hat trick. Manchester United fans in full voice at Wembley for the FA Cup Final, May 1999. United beat a feeble Newcastle 2-0. Already Premier League Champions, they went on to take the UEFA Champions' League trophy with a win at the death against Bayern Munich.

Sehr glücklicher Hattrick. Stimmgewaltige Fans von Manchester United im Wembleystadion beim englischen Pokalfinale, Mai 1999. United schlug ein schwaches Newcastle 2:0. Die Meisterschaft in der Premier League hatten sie bereits, danach holten sie sich den Pokal der UEFA-Champions' League durch einen Sieg in letzter Sekunde gegen Bayern München.

Le coup du chapeau, version réussite. Les supporters de Manchester United donnent de la voix à Wembley pour la finale de la Cup, en mai 1999. Manchester s'impose face à une piètre équipe de Newcastle sur le score de 2-0. Déjà champions d'Angleterre, les joueurs de Manchester allaient s'adjuger également le trophée UEFA de la Ligue des Champions au terme d'un match époustouflant contre le Bayern de Munich.

BEN RADFORD

Michael Owen (centre) with David Beckham (left) and Alan Shearer in the England v. Romania World Cup tie, Stade municipal, Toulouse, 22 June 1998. Owen had just scored but England lost 2-1.

Michael Owen (Mitte) mit David Beckham (links) und Alan Shearer in der WM-Begegnung England gegen Rumänien, Stade municipal, Toulouse, 22. Juni 1998. Owen hatte soeben getroffen, dennoch verlor England 1:2.

Michael Owen (au centre) en compagnie de David Beckkam (à gauche) et d'Alan Shearer lors de la rencontre de Coupe du monde opposant l'Angleterre et la Roumanie au Stade municipal de Toulouse, le 22 juin 1998. Owen vient de marquer pour l'Angleterre qui s'inclinait finalement par 2 buts à 1.

MIKE HEWITT

Pierluigi Casiraghi (left) is congratulated by his Italian team-mate Gianfranco Zola after scoring against Russia in the European Championship, Anfield, 11 June 1996. Italy won 2-1, but were surprisingly eliminated in the first round.

Pierluigi Casiraghi (links) wird von seinem Mannschaftskameraden Gianfranco Zola nach dem Tor gegen Russland in der Europameisterschaft beglückwünscht, Anfield, 11. Juni 1996. Italien gewann 2:1, schied aber überraschenderweise in der ersten Runde aus.

Pierluigi Casiraghi (à gauche) est félicité par son coéquipier italien Gianfranco Zola après son but contre la Russie en championnat d'Europe des nations, à Anfield, le 11 juin 1996. Bien que l'Italie se soit imposée par 2 à 1 dans cette rencontre, elle fut éliminée dès le premier tour, à la surprise générale.

CLIVE BRUNSKILL

A kiss is just a kiss. Jan Aage Fjørtoft of Middlesborough and Tim Flowers, Blackburn Rovers' goalkeeper, share a moment of intimacy at the Riverside Stadium, Middlesborough, 1995. Small wonder that attendances increased at English grounds in the 1990s.

Küsschen in Ehren. Jan Aage Fjørtoft von Middlesborough und Tim Flowers, Torhüter von Blackburn Rovers, gönnen sich einen kleinen intimen Moment im Riverside-Stadion, Middlesborough, 1995. Kein Wunder, dass die Besucherzahlen auf englischen Plätzen in den 90ern stiegen.

Un baiser n'engage à rien. Jan Aage Fjørtoft (Middlesborough) et Tim Flowers, le gardien des Blackburn Rovers en pleine intimité au Riverside Stadium de Middlesborough, en 1995. On ne s'étonnera plus de l'affluence record du public dans les stades anglais durant les années quatre-vingt-dix.

BEN RADFORD

What's in a handshake? World Cup '98 adversaries Diego Simeone of Inter Milan and David Beckham formally greet each other and swap shirts after the UEFA Champions' League quarter-final first leg, Old Trafford, 3 March 1999. United won 2-0.

Zwei Männer, ein Handschlag. Die Weltmeisterschaftsgegner von 1998, Diego Simeone von Inter Mailand und David Beckham, bei männlichem Händedruck und Trikottausch nach dem Viertelfinal-Hinspiel in der UEFA-Champions' League, Old Trafford, 3. März 1999. United gewann 2:0.

Une poignée de main non plus. Les adversaires de la Coupe du monde 1998, Diego Simeone (Inter de Milan) et David Beckham, échangent une poignée de main formelle ainsi que leurs maillots à l'occasion de la première manche d'un quart de finale de Ligue des Champions à Old Trafford, le 3 mars 1999. Manchester l'emporta 2-0.

SHAUN BOTTERILL

Nigel Pearson of Sheffield Wednesday (left) and Mark Hughes of Manchester United in the League Cup Final, Wembley, 1991. Surprisingly, Wednesday won 1-0.

Nigel Pearson von Sheffield Wednesday (links) und Mark Hughes von Manchester United im Ligapokalfinale, Wembley, 1991. Wednesday gewann überraschend mit 1:0.

Nigel Pearson, sous le maillot de Sheffield Wednesday (à gauche) et Mark Hughes (Manchester United) en finale de la Coupe de la Ligue, à Wembley, en 1991. Sheffield l'emporta 1-0 à la surprise générale.

GERARD VANDYSTADT

Davor Suker of Croatia (left) and Lothar Matthäus of Germany leap balletically in the World Cup quarter-final at the Stade Gerland, Lyon, 4 July 1998. Croatia sensationally beat an ageing German team 3-0. Suker won the Golden Boot Award for scoring the most goals in the tournament.

Der Kroate Davor Suker (links) und Lothar Matthäus, Deutschland, beim Ballettsprung im Viertelfinale der Weltmeisterschaft, Stade Gerland, Lyon, 4. Juli 1998. Kroatien schlug eine alternde deutsche Nationalmannschaft sensationell mit 3:0. Suker gewann den Goldenen Schuh für die meisten Treffer im Turnier.

Un ballet synchronisé entre le Croate Davor Suker (à gauche) et Lothar Matthäus lors d'un quart de finale de Coupe du monde au Stade Gerland de Lyon, le 4 juillet 1998. La Croatie fit sensation en s'imposant 3-0 face à une équipe d'Allemagne vieillissante. Davor Suker remporta le soulier d'or, revenant au meilleur buteur de la compétition.

SHAUN BOTTERILL

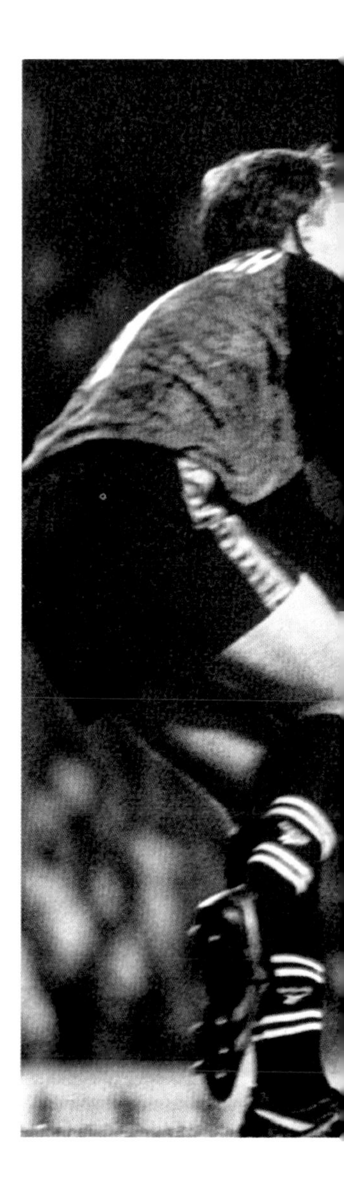

(Above) A frantic moment in the European Cup Final, Olympic Stadium, Rome, 22 May 1996. After extra time Juventus (blue shirts) beat Ajax 4-2 on penalties. (Right) No way through. Aston Villa's Bosnich whips the ball away from Tottenham Hotspur's Chris Armstrong, 1996.

(Oben) Ein aufregender Augenblick im Europapokalfinale, Olympiastadion, Rom, 22. Mai 1996. Nach der Verlängerung besiegte Juventus (in Blau) Ajax Amsterdam mit 4:2 im Elfmeterschießen. (Rechts) Kein Durchkommen. Bosnich von Aston Villa schnappt sich den Ball vor Chris Armstrong, Tottenham Hotspur, 1996.

(Ci-dessus) Un moment de frénésie en finale de Coupe d'Europe au Stade olympique de Rome, le 22 mai 1996. Après prolongations, la Juventus s'imposait 4-2 face à l'Ajax aux penaltys. (À droite) On ne passe pas. Bosnich (Aston Villa) subtilise le ballon à Chris Armstrong, évoluant sous le maillot de Tottenham Hotspur, en 1996.

GARY M PRIOR

CLIVE BRUNSKILL

Two of English football's better imports: Gianluca Vialli (left) and David Ginola (right) brought Italian and French brilliance to the Premier League.

Zwei der besseren Importe des englischen Fußballs: Gianluca Vialli (links) und David Ginola (rechts) brachten italienischen und französischen Glanz in die Premier League.

Deux des meilleurs joueurs étrangers expatriés en Angleterre. Gianluca Vialli (à gauche) et David Ginola apportent tout le brio des footballs italien et français au championnat anglais de première division.

MARK THOMPSON

CLIVE BRUNSKILL

Clash of the giants – Manchester United v. Liverpool, Old Trafford, 1996. Ryan Giggs (red shirt) knifes through the Liverpool defence: (left to right) Dominic Matteo, Jason McAteer, Giggs, Michael Thomas. United went on to become Premier League Champions.

Kampf der Giganten – Manchester United gegen Liverpool, Old Trafford, 1996. Ryan Giggs (im roten Hemd) pflügt durch die Liverpooler Abwehr: (von links nach rechts) Dominic Matteo, Jason McAteer, Giggs, Michael Thomas. United wurde später Landesmeister.

Le choc des géants, entre Manchester United et Liverpool à Old Trafford, en 1996. Ryan Giggs (maillot rouge) transperce la défense de Liverpool : (de gauche à droite) Dominic Matteo, Jason McAteer, Giggs et Michael Thomas. Au terme de la saison, Manchester remporta le championnat.

A little touch of Sardinian magic. Gianfranco Zola, Chelsea v Coventry City, Stamford Bridge, 16 January 1999. Chelsea won 2-1.

Ein Hauch vom Zauber Sardiniens. Gianfranco Zola, Chelsea gegen Coventry City, Stamford Bridge, 16. Januar 1999. Chelsea gewann 2:1.

Une touche de magie sarde. Gianfranco Zola en action, lors du match Chelsea-Coventry City à Stamford Bridge, le 16 janvier 1999. Chelsea s'imposa sur le score de 2-1.

MARK THOMPSON

MARK THOMPSON

Into the net. Les Ferdinand of Newcastle United follows the ball into the Middlesborough goal and United win 1-0, St James's Park, 31 August 1995.

Im Netz. Les Ferdinand von Newcastle United folgt dem Ball ins Tor von Middlesborough und United gewinnt 1:0, St James's Park, 31. August 1995.

Il y est ! Les Ferdinand (Newcastle United) accompagne le ballon au fond des filets de Middlesborough et Newcastle s'impose 1-0 au St James's Park, le 31 août 1995.

GARY M PRIOR

Out of the net. David Seaman of Arsenal makes a tremendous save as Arsenal beat Sampdoria in the European Cup Winners' Cup semi-final, Genoa, 1995. This was one of three Sampa penalties he kept out in the shoot-out.

Aus dem Netz. David Seaman von Arsenal mit einer großartigen Parade beim Sieg von Arsenal über Sampdoria Genua im Halbfinale des Europapokals der Pokalsieger, Genua, 1995. Es war einer von drei Treffern, die er im Elfmeterschießen verhinderte.

Il n'y est pas. Le gardien d'Arsenal David Seaman sauve miraculeusement son but lors d'une demi-finale de Coupe d'Europe des vainqueurs de coupe contre la Sampdoria, disputée à Gênes en 1995. Lors des tirs au but, Seaman n'arrêta pas moins de trois penaltys.

SIMON BRUTY

Children clamber on to a convenient wall to watch the Zambian national side in training, 1993. This was a tragic year: a plane crash later wiped out the entire national squad, who were travelling to a World Cup qualifying game in Senegal.

Kinder klettern auf eine vorteilhaft gelegene Mauer, um die Nationalmannschaft von Sambia beim Training zu beobachten, 1993. Es war ein Unglücksjahr: die gesamte Nationalmannschaft kam später auf dem Wege zu einem WM-Qualifikationsspiel im Senegal bei einem Flugzeugabsturz ums Leben.

Des enfants escaladent ce mur, bien commode pour suivre l'équipe nationale de Zambie à l'entraînement, en 1993. Ce fut une année tragique pour l'équipe nationale de Zambie dont tous les joueurs disparurent dans un accident d'avion alors qu'ils s'apprêtaient à disputer un match qualificatif pour la Coupe du monde, contre le Sénégal.

MARK THOMPSON

A new-found freedom emerges from the dust. Thokoza Township, near Johannesburg, South Africa, 17 August 1997. The previous year South Africa had won the African Nations Cup for the first time. In 1998 they made their World Cup debut.

Eine neue Freiheit erhebt sich aus dem Staub. Die Township Thokoza bei Johannesburg, Südafrika, 17. August 1997. Im vorangegangenen Jahr hatte Südafrika zum ersten Mal den African Nations Cup gewonnen. Im Folgejahr nahm das Land erstmals an der Endrunde der Weltmeisterschaft teil.

La liberté renaît, dans un nuage de poussière. Une rencontre dans le township de Thokoza, près de Johannesburg (Afrique du Sud) le 17 août 1997. L'année précédente, l'Afrique du Sud avait enlevé la Coupe d'Afrique des nations pour la première fois de son histoire. La jeune équipe fit ses débuts en Coupe du monde dès 1998.

GARY M PRIOR

A glorious day and a packed Johannesburg Stadium for the African Nations Cup Final, 3 February 1996. To the delight of most of the 80,000 crowd, South Africa beat Tunisia 2-0.

Ein strahlender Tag und ein vollbesetztes Stadion in Johannesburg beim Finale des African Nations Cup, 3. Februar 1996. Zum Entzücken der meisten der 80 000 Zuschauer schlug Südafrika Tunesien mit 2:0.

Jour de gloire dans un stade de Johannesburg archi-comble à l'occasion de la finale de la Coupe d'Afrique des nations, le 3 février 1996. Pour la plus grande joie de la majorité des 80 000 spectateurs présents, l'Afrique du Sud s'imposait sur le score de 2-0 face à la Tunisie.

MARK THOMPSON

Neil Tovey lifts the cup after South Africa's victory. F W de Klerk (left) and Nelson Mandela (fourth from left) share the pleasure. The hero of the afternoon was Mark Williams: within eight minutes of coming on as substitute, he had scored both South Africa's goals.

Neil Tovey hebt nach Südafrikas Sieg den Pokal in die Höhe. F. W. de Klerk (links) und Nelson Mandela (vierter von links) teilen das Vergnügen. Der Held des Nachmittags war Mark Williams: Nur acht Minuten nach seiner Einwechslung hatte er bereits beide südafrikanische Tore erzielt.

Neil Tovey brandit la coupe de la victoire pour l'Afrique du sud. F. W. de Klerk (à gauche) et Nelson Mandela (le quatrième en partant de la gauche) partagent la joie du joueur. Le héros du jour fut Mark Williams qui, remplaçant au début de la rencontre, marqua les deux buts de la victoire moins de huit minutes après être entré sur le terrain.

Adding insult to injury time. Jens Jeremies of Bayern Munich rests his weary body after the dramatic UEFA Champions' League Final, Nou Camp Stadium, Barcelona, 26 May 1999.

Wer in der Nachspielzeit das Nachsehen hat ... Jens Jeremies von Bayern München mit einer Erschöpfungspause nach dem dramatischen UEFA-Champions'-League-Finale, Nou-Camp-Stadion, Barcelona, 26. Mai 1999.

Un coup de poignard dans les arrêts de jeu. Le joueur du Bayern de Munich Jens Jeremies tente de récupérer après la finale de la Ligue des Champions disputée au Nou Camp de Barcelone, le 26 mai 1999.

SHAUN BOTTERILL

SIMON P BARNETT

Solo pride. Carlos Valderrama of Colombia displays disdain and big hair in a game for Tampa Bay Mutiny, US Major League, 1996.

Stolz des Solisten. Der Kolumbianer Carlos Valderrama demonstriert Verachtung und viel Haar in einem Spiel für Tampa Bay Mutiny in der US Major League, 1996.

L'orgueil ... du Colombien Carlos Valderrama qui, cheveux au vent, affiche son dédain lors d'une rencontre du championnat des États-Unis disputée en 1996 sous les couleurs de Tampa Bay Mutiny.

DAVID CANNON

Team togetherness. The Romanian team parade in matching cropped and dyed hair before their World Cup first round tie against Tunisia, 1998. The match was a 1-1 draw. Romania came top of their group, but were then beaten by Croatia in the second round.

Geschlossenheit des Teams. Die rumänische Mannschaft mit einheitlich geschnittenem und gefärbten Haar in Positur vor ihrer WM-Erstrundenbegegnung mit Tunesien, 1998. Das Spiel endete 1:1. Rumänien wurde Gruppenerster, in der zweiten Runde dann aber von Kroatien geschlagen.

... et l'esprit d'équipe des Roumains qui se présentent le cheveu court et décoloré avant leur match de Coupe du monde face à la Tunisie, en 1998. La rencontre se solda par un résultat nul (1-1). La Roumanie termina en tête de son groupe mais dut s'incliner face à la Croatie au tour suivant.

GERARD VANDYSTADT

GERARD VANDYSTADT

(Left) France's Manu Petit (left) and Patrick Vieira embrace after Petit's goal against Brazil in the World Cup Final, July 1998. France thrashed Brazil 3-0. (Above) 'La victoire est en nous' – jubilation, Paris style. The Arc de Triomphe, the fans and the surrounding boulevards are lit up for the long night of celebration.

(Links) Emmanuel Petit (links) und Patrick Vieira, Frankreich, umarmen sich nach Petits Tor gegen Brasilien im Endspiel der Weltmeisterschaft, Juli 1998. Frankreich brachte Brasilien eine vernichtende 3:0-Niederlage bei. (Oben) „La victoire est en nous"–Überschwang im Pariser Stil. Der Arc de Triomphe, die Fans und die großen Boulevards der Umgegend strahlen hell im Licht einer langen Nacht des Feierns.

(À gauche) Les Français Emmanuel Petit (à gauche) et Patrick Vieira s'embrassent après le but de Petit face au Brésil lors de la finale de la Coupe du monde, en juillet 1998. La France infligea une correction aux Brésiliens en s'imposant par 3 buts à 0. (Ci-dessus) « La victoire est en nous ». Paris s'enflamme, l'Arc de Triomphe et les boulevards s'illuminent pour une longue nuit de réjouissances.

Index

The Hulton Getty Picture Collection
How to buy or license a picture from this book

The Hulton Getty Picture Collection is widely regarded as one of the finest collections of photography in the world. Over 18 million images include every conceivable act of man and his relationship with his environment. It includes original material from leading press agencies – Topical Press, Keystone, Central Press, Fox Photos as well as from *Picture Post*, the *Daily Express* and the *Evening Standard*. New acquisitions ensure that the collection is continually refreshed and the extensive digitisation programme now has 200,000 images available online.

Picture Licensing Information

To license any of the material listed below, please call the Sales team at Hulton Getty on **+ 44 (0)20 7266 2662**, or e-mail info@getty-images.com. To access more images speak to our research team on **+ 44 (0)20 7266 2662**, or view our web-site at www.hultongetty.com

Buying a print

For details of how to purchase exhibition quality prints call The Hulton Getty Picture Gallery **+ 44 (0)20 737 64525**

Page/reference number

Description

Allsport
How to buy or license a picture from this book

Allsport was founded in 1968 and has been at the forefront of sports photography for over 30 years. The Allsport library is now the most comprehensive single collection of sports photography in the world, employing the world's greatest award-winning sports photographers. Allsport photography is distributed via a network of agents in over 40 countries world-wide and is part of Getty Images Inc, the world's largest supplier of image content.

Picture Licensing Information

To license any of the material listed below, please call the Sales team at Allsport on **+44 (0)20 8685 1010**, or e-mail mhomes@allsport.co.uk. To access more images please speak to our research team on the above number, or view our website at www.allsport.co.uk for registration to our online archive.

Page number

Description

Acknowledgements

The Observer 213, 247, 287, 292-3, 306, 316

Allsport/MSI 210, 212